名师名校名校长

凝聚名师共识
回应名师关怀
打造名师品牌
培育名师群体

程明远题

让教育洋溢生命的活力

一名英语教师的成长实践录

张欢英 著

西安出版社

图书在版编目（CIP）数据

让教育洋溢生命的活力：一名英语教师的成长实践录 / 张欢英著. -- 西安：西安出版社，2024.11.

ISBN 978-7-5541-7842-3

Ⅰ. G633.412

中国国家版本馆CIP数据核字第2024X47P31号

让教育洋溢生命的活力：一名英语教师的成长实践录
RANG JIAOYU YANGYI SHENGMING DE HUOLI YI MING YINGYU JIAOSHI DE CHENGZHANG SHIJIAN LU

出版发行：	西安出版社
社　　址：	西安市曲江新区雁南五路 1868 号影视演艺大厦 11 层
电　　话：	（029）85264440
邮政编码：	710061
印　　刷：	北京政采印刷服务有限公司
开　　本：	710mm×1000mm　1 / 16
印　　张：	13.5
字　　数：	193千字
版　　次：	2025 年 3 月第 1 版
印　　次：	2025 年 3 月第 1 次印刷
书　　号：	ISBN 978-7-5541-7842-3
定　　价：	58.00 元

在教育的征途上绽放

当我们轻轻翻开这本《让教育洋溢生命的活力——一名英语教师的成长实践录》，仿佛打开了一扇通往教育真谛的大门。在这扇门后，是一位一线教师辛勤耕耘的身影，是她在教育之路上的探索与坚守，是她为了实现有生长力和幸福感的教育所付出的努力与汗水，从芳华到盛年，一路绽放！

教育，这个古老而又常新的话题，承载着人类文明的传承与发展，寄托着无数家庭的希望与梦想。教育，是一项伟大而充满挑战的事业。它不仅关乎知识的传授，更承载着塑造灵魂、培养未来的重任。而教师，作为教育的核心力量，他们的成长与发展，直接关系到教育的质量和未来。那么，什么是有生长力和幸福感的教育呢？它不仅是知识的传递，更是心灵的滋养；不仅是成绩的提升，更是人格的塑造；不仅是当下的关注，更是未来的引领。在本书中，我们将一同探索教师成长的路径，以及如何实现有生长力和幸福感的教育。

生长力，是教育的活力源泉。它意味着教育能够与时俱进，不断适应社会的发展和学生的需求。它就像一颗种子，在适宜的环境中，能够破土而出，茁壮成长。教育的生长力，源于教师不断追求进步的决心和行动。教师作为教育的实施者，其自身的成长直接影响着学生的发展。一个具有生长力的教师，能够敏锐地感知时代的变化，不断更新教育理念和方法，以适应学生日益多样化的需求；他如同一棵生机勃勃的大树，深深扎根于教育的土壤，汲取着各种养分，不断拓展自己的知识领域，提升教育教学能力。

幸福感，则是教育过程中不可缺的调味剂，是教育的温暖阳光。它让教师在付出的同时，收获内心的满足和喜悦。幸福的教师能够以积极的心态投入工作，将热情和爱传递给学生。幸福感，不是来自物质的奖励，而是来自学生的成长和改变，来自自己对学生的积极影响。他们在学生的成长和进步中获得满足感，在与学生的互动中体验到教育的乐趣和意义。然而，在现实教育中，教师们常常面临着各种压力和挑战，使得幸福感似乎成为一种奢侈品。

那么，如何才能实现有生长力和幸福感的教育呢？

首先，教师要有坚定的教育信念和深厚的教育情怀。教育情怀是教师对教育事业的热爱和执着，是一种无私的奉献精神。教育不仅是一份职业，更是一种使命。教师要坚信每个学生都有发展的潜力，都值得被关注和培养。无论面对怎样的学生，都要保持耐心和爱心，用欣赏的眼光去发现他们的闪光点。正如雅斯贝尔斯所说："教育的本质意味着一棵树摇动另一棵树，一朵云推动另一朵云，一个灵魂唤醒另一个灵魂。"当教师真正将学生的成长视为自己的责任和成就时，便能在教育中找到源源不断的动力和幸福感。

其次，持续学习是教师生长力的关键。教育领域不断发展变化，新的知识、理论和技术层出不穷。教师要保持学习的热情，积极参加各种培训、研讨会，阅读教育书籍和期刊，与同行交流经验。通过不断学习，教师能够更新知识体系，掌握更有效的教学方法和策略。同时，学习也能拓宽教师的视野，让他们从不同的角度去思考教育问题，激发创新的灵感。

再次，关注学生的个体差异是实现有生长力教育的重要途径。每个学生都是独一无二的个体，有着不同的兴趣、能力和学习方式。教师要深入了解学生，尊重他们的个性差异，因材施教，为学生提供多样化的学习机会和资源，满足他们不同的学习需求。这样，学生能够在适合自己的环境中充分发挥潜力，实现个性化的成长，教师也会因为看到学生的进步而感到幸福和满足。

最后，良好的师生关系是教育的基石。教师要以平等、尊重、信任的态度对待学生，与他们建立亲密而和谐的关系，倾听学生的心声，理解他们的需求。在这样的氛围中，学生更愿意向教师敞开心扉，积极参与学习活动。教师能够更好地了解学生的需求和困惑，给予及时的指导和帮助。而学生的积极反馈和成长，又会进一步增强教师的职业幸福感。

教育的生长力和幸福感还体现在教师的专业成长过程中。教师要勇于尝试新的教学方法和手段，不断反思自己的教学实践。反思是教师成长的重要途径。通过反思，教师可以发现教学中的不足之处，总结经验教训，及时调整教学策略。这种自我反思和改进的过程，是教师不断成长和进步的重要环节。同时，教师之间的合作与交流也能促进共同成长。分享彼此的经验和智慧，互相学习、互相支持，营造出积极向上的教育氛围。

另外，学校和社会也应为教师的成长提供支持与保障。学校要为教师创造良好的工作环境，提供必要的教学资源和发展机会；建立完善的教师评价体系，激励教师不断进步；合理减轻教师的工作负担，避免过多的非教学任务干扰教学工作。社会应该营造尊师重教的良好氛围，给予教师更多的理解和尊重，认可教师的辛勤付出和重要贡献，提高教师的社会地位和待遇，让教师能够安心从教、热心从教。

在本书中，我们将看到一位教师的成长故事和实践经验。她或许在教学方法上有所创新，或许在与学生的相处中找到了独特的方式，或许在面对困难时坚持不懈，最终实现了自我的突破和成长。这些真实而生动的案例，将为我们展现教育的多样性和可能性，激励更多的教师在追求有生长力和幸福感的教育的道路上不断前行。

教育是一场漫长而美好的旅程，途中既有挑战，也有风景。做有生长力和幸福感的教育，需要教师们怀揣着对教育事业的热爱和执着，不断努力和探索。让我们以本书为契机，汲取其中的智慧和力量，在教育的田野上辛勤耕耘，让每一个学生都能茁壮成长，让我们也能在教育的过程中收获满满的幸福。

这本《让教育洋溢生命的活力——一名英语教师的成长实践录》不仅是一本记录教师成长的书籍，更是一盏照亮教育前行道路的明灯。有生长力和幸福感的教育并非遥不可及，只要我们用心去做，用爱去灌溉，就一定能够实现。希望每一位读者都能从这本书中汲取智慧和力量，在教育的征途上不断探索、不断前行，让教育的花园绽放出更加绚丽的花朵，结出更加丰硕的果实！愿每一位教师都能成为有生长力和幸福感的教育者，用爱与智慧点亮学生的未来，共同书写教育的辉煌篇章！

张欢英

2024年7月

目 录

C O N T E N T S

第三章　在课题引领下让教学学以致用

第四章　在总结教育经验的同时展望未来

第一章

在教育发展之路上
探究教育之法

踏上教育之路的契机

人的一生，每一段旅程的开始，总有一个或多个无法忽视的契机，引领我们一步一步走向未知的世界。对我而言，踏上教育之路的契机，便是在成长过程中一次次心灵的触动，让我决定投身于这个充满挑战与机遇的行业中。

我的成长经历中，教育始终扮演着至关重要的角色。在我小时候，父母非常重视我的教育，他们鼓励我努力学习。在他们的引导下，我逐渐认识到了知识的重要性，也让我对学习产生了热爱。

在我不同阶段的求学路上，都有幸遇到了许多优秀的老师。他们不仅在教学上严谨认真，更在生活中关心每一个学生。他们不仅传授知识，更教会我如何独立思考，如何做人，如何与人交往，如何面对生活的困难和挑战。更重要的是，他们让我明白了教育的真正意义——点燃学生内心的火焰，激发他们追求梦想的勇气和决心。那时，我便梦想着有朝一日能像他们一样，站在讲台上，用自己的知识和智慧去影响他人。也正是这些老师的言传身教，使我高中毕业时毫不犹豫地选择了师范院校的英语教育专业，更加坚定地踏上了教育之路。

上了大学后，随着年龄的增长、知识的积累、眼界的开阔，我逐渐意识到教育的重要性。它不仅关乎个人的成长和发展，更关乎国家和民族的未来。每当看到那些因缺乏教育而陷入困境的人，我就更加坚定了投身教育的决心。大学期间，循循善诱的老师、精彩的课程，夯实了我的专业知识，启迪了我的智慧，规范了我的教育行为，还为我提供了奋斗的驿站、公平锻炼自我的舞台，让我从不同视角、不同方面，由内而外，充分感知了这个世界，从而具备了较强的获取知识能力、独立思考能力、解决问题能力、跨文化交际能力、实践能力、创新能力和科研能力。

最终，怀着对教书育人的向往之情，怀着一份教书育人的殷切期望，1999年，大学毕业的我义无反顾地选择了教师这份职业，并分配到了一所乡村中学，正式踏上了教育之路。第一次怯怯地、忐忑地站在讲台上，望着讲台下几十双纯真而又充满渴望的目光，那一瞬间，我所有的希望已化成五彩斑斓的粉笔，我知道这便是我教育之路的起点。然而，教育之路并非一帆风顺。我也犹豫过、彷徨过，担心自己是否能够胜任这份工作。在实际教学中，我们面临着许多挑战。例如，学生们的学习能力和兴趣千差万别，我们需要因材施教，制订个性化的教学方案。此外，我们还需要不断更新教育观念和方法，以适应时代的发展和学生们的成长需求。这些挑战需要我们付出更多的努力和时间，但正是这些挑战让我和学生们共同成长与进步。在学生们的成长和进步中，我也深深感受到了教育的力量。当我看到学生们在我的指导下逐渐掌握新知识、当他们用稚嫩的声音向我表达感激之情、当我看到那些充满期待和渴望的眼神时，我便深知自己肩负的责任和使命，我告诉自己，无论遇到多少困难和挑战，都要坚持下去，因为这是一份值得我去付出和追求的事业。同时，我也深深地感受到了作为一名教师的幸福和满足。

从最初的懵懂无知、青涩与不安，到如今的自信与从容，我在这个过程中不断成长和进步。我的课堂教学组织能力、对教材的整体驾驭能力、对学生掌握知识的程度的判断分析能力及应变能力都有了很大的提高。我深知自己还有很多不足和需要改进的地方，但我相信只要用心去做，就一定能够成为一名优秀的教师。

不管是春花烂漫，还是风霜雪雨，我已走过如歌的青春。草儿枯了又绿了，花儿开了又谢了，燕子去了又来了，学生来了又走了，但我依然走在从教的道路上，坚守着我的乐土，坚守着我的精神家园，同时沉淀的，是我不变的教育情怀，以及执着于教书育人的热情。

从初为人师的激动到第一次站上讲台的兴奋，一切仿佛就发生在昨天。回顾自己的教育之路，我深刻体会到"教学相长"的真谛。学生们的奇思妙想常常给我带来新的启发，让我不断反思和改进教学方法。同时，与同事们的交流与合作也让我受益匪浅，我们共同探讨教育的难题，分享成功的经验，为学生的成长贡献集体的智慧。我相信只要我们用心去做教育，用心去关注每一个学生的成长和进步，就一定能够共同创造一个更加美好的未来。

正是那些不经意间的契机和经历，让我找到了属于自己的方向和目标。我相信在未来的日子里，我会继续努力学习和进步，用自己的知识和智慧去影响与感染更多的学生。我希望通过自己的努力，让更多的学生受益，让他们在知识的海洋中畅游，成长为有品德、有才华、有担当的人才。同时，我也希望每一位教师都能找到自己的教育之路，为培养更多优秀的人才而努力奋斗。

早期教育理念的形成

有人说过：我们不是人才，但我们培养的是人才；我们不是太阳，但我们托起的是太阳；我们不是希望，但我们播撒的是希望。教师就像默默奉献的绿叶，时时刻刻衬托着鲜花的艳丽。作为一名教师，我们肩负着培育未来栋梁的重任。在教育的道路上，我一直在不断地探索和实践，致力于为学生提供有生长力和幸福感的教育。我相信只有关注生长力和追求幸福感的教育才能真正促进学生的全面发展。

一、理解有生长力的教育

"生长"二字，包含了从内在到外在、从个体到群体的全面发展。在教育领域，生长意味着学生不仅在知识、技能上有所提升，更在情感、态度、价值观等方面有所成长；生长力是指学生在学习过程中不断积累知识、提高能力、形成良好品质的过程；有生长力的教育，就是要培养学生持续发展的能力，使他们能够在未来不断适应社会的变化和挑战。

在不断实践、反思的过程中，我逐渐认识到生长力的重要性。这种生长力不仅有助于学生在学业上取得更好的成绩，更能为他们的未来发展奠定坚实的基础。因此，我开始关注如何在教学过程中培养学生的生长力。

（一）个性化教育

尊重学生的个性和差异，为他们提供量身定制的教育方案，帮助他们发掘自己的潜能和兴趣。我尝试通过生动有趣的教学内容和形式，激发学生的学习兴趣。让学生在轻松愉快的氛围中学习，从而主动探索、积极求知。

（二）跨学科融合

打破学科壁垒，将不同学科的知识和技能相融合，培养学生的综合素养和创新能力。我注重培养学生的批判性思维、创新能力和实践能力，通过组织各种实践活动和项目式学习，让学生在实践中锻炼能力，提高综合素质。

（三）实践体验

为学生提供丰富的实践机会，让他们在实践中学习新知识、积累新经验。通过实践，学生亲身去体验，从而实现成长，培养他们的实践能力和解决问题的能力。

（四）终身学习

引导学生树立终身学习的观念，培养他们自主学习的能力和习惯，从而使他们能够在未来不断自我更新，持续发展，以适应不断变化的个人需求和社会需求。

（五）关注情感品质

我关注学生的情感品质的培养，注重培养他们的自信心、责任感和团队合作精神，让学生在学习的过程中，感受到成长的喜悦和成功的快乐。

二、塑造有幸福感的教育

除了关注生长力外，我还认为教育应该追求幸福感。幸福感是一种主观的心理体验，它源于对生活的满足和愉悦。在教育领域，幸福感是指学生在学习过程中感受到的快乐和满足，它不仅关乎学生的心理状态，更关乎他们对待生活、对待学习的态度。有幸福感的教育，就是要让学生在学习过程中感受到快乐和满足，培养他们的积极情感和心向阳光的心态，同时，老师也能够感受到教育所带来的快乐和幸福。一个充满幸福感的教育环境能够激发学生的学习动力，让他们更加热爱学习、热爱生活。因此，我懂得了如何塑造有幸福感的教育。

（一）投入情感关怀

我会关注学生的心理和情感需求，给予他们充分的关怀和支持，帮助他们建立健康的心理状态。

（二）积极评价反馈

我会对学生的努力和进步给予积极的评价与反馈，激发他们的自信心和动力，让他们在学习中找到成就感和价值感。

（三）创设愉悦的学习环境

我会努力营造轻松、愉悦的学习氛围，和谐、温馨的教学环境，让学生在轻松愉快的氛围中学习、交流和成长。尊重每一个学生的个性差异，关注他们的需求和感受，让他们在这里感受到家的温暖。

（四）培养兴趣爱好

引导学生发现和培养自己的兴趣爱好，让他们在兴趣爱好的驱动下主动学习、探索和创新。我注重与学生的互动和沟通：在课堂上，我鼓励学生积极参与讨论、发表观点；在课后，我关心他们的生活和成长，及时给予帮助和支持。这种良好的师生关系让学生感受到被关注和尊重，从而增强了他们的幸福感。

（五）培养健康心态

在教育过程中，教育的意义不仅在于传授知识，更在于培养孩子们的品质和能力。我时刻关注学生的心理健康，注重培养他们的健康心态。通过心理健康教育班会课、减压活动、个案谈话辅导等方式，帮助、引导学生树立正确的人生观、价值观和世界观，让他们在面对困难和挑战时能够保持积极乐观的心态。

三、融合生长力和幸福感的教育实践

在实践中,我将生长和幸福的理念贯穿于教育教学的全过程,采取多元化的教学策略和家校社协同育人的机制,共同为学生的生长和幸福创造更好的环境与条件。

(一)树立生长和幸福的理念

明确教育的真正价值在于培养有生长力和幸福感的人,将这一理念贯穿于教育教学的全过程。深刻认识教育对学生成长和社会发展的重要性,坚信自己的工作能够带来积极的影响,从而获得内在的动力和满足感。明确自己作为教师的使命,不仅是传授知识,更是培养学生的品格、价值观和综合能力。

(二)设计多元化的教学活动

在教学环节中,我会由易到难、有步骤地设计多元化的教学活动。在新知识呈现阶段,我会组织英语歌曲赏析、视频欣赏、知识点抢答等活动,让学生入情入境,营造轻松和谐的课堂氛围,激发学生的学习兴趣和动力、参与热情,使学生不仅学到知识,且还学会了获取知识的方法,并产生强烈的求知欲,以达到最高效的课堂教学效果;在教学实践阶段,我通常会设计role play、group discussion等教学活动,着力培养和强化学生的语用能力,使他们能自由地运用英语进行交际,提高他们的英语实际应用能力;在教学的输出阶段,我会设计概要写作、读后续写、主题写作等巩固知识的教学活动,使教学过程充满乐趣,让课堂活动变得丰富多彩,这有助于激发学生的主观能动性;课后作业形式应多样化。比如,我会鼓励学生撰写英语周记、摘抄美句、制作单元主题PPT、英语手抄报,等等。在此过程中,我会给予学生充分的指导和支持,关注学生的个性化发展,引导他们挖掘自己的潜能和兴趣,如此一来,能让学生感受到学习的快乐和成就感,使他们在多样化的学习体验中实现生长和幸福,也让他们在实

践中体验到生长的魅力和幸福的感觉。

（三）关注自身的专业素养和成长

教师是实施有生长力和幸福感教育的关键因素。在知识爆炸的时代，教师需要关注自己的专业素养和成长，不断提升教育教学能力。在工作之余，我始终坚持不懈地学习教育领域的新知识、新方法和新技术。通过参加各类培训、研讨会和学术研究，来提升自己的专业素养。同时，我还会定期对自己的教学实践进行反思，总结其中的经验教训，进而不断改进自己的教学方法和策略，以提高教学效果，努力成为一名有生长力的教师。

（四）建立家校社协同育人机制

加强与家长和社会的沟通与合作，建立家校社协同育人机制，共同为学生的生长和幸福创造更好的环境与条件。在通信设备发达的时代，我积极转变观念，利用通信设备，加强家校合作，做家校沟通的桥梁。我会充分利用家校通、班级管家、微信群等社交软件让家长了解学校的安排和计划。放假之前，我会及时在微信群中向家长告知放假及返校的时间、假期作业、注意事项和往返途中的安全要求。同时，我还会要求家长督促孩子完成作业，从家长们的反馈来看，反响不错。此外，我还利用微信促进家长相互学习，让家长参与到学生的管理中来。比如，我经常在群里发一些有关如何做家长的推文，如"孩子，我不欠你的""中国最需要教育的不是孩子，是父母""教育好孩子是你最重要的事业"等。我还通过微信让家长了解学生的表现，每次考试后，对于成绩优异以及进步快的学生，我会给他们拍照，并且将照片公布在微信家长群里。月末时，我会将一个月来纪律方面表现好的同学的名单公布在家长群里。当班级和学校开展各种活动的时候，我会捕捉学生活动的身影并拍下来，再配上说明发在家长群，让家长下载保存。家长们都非常渴望知道孩子在校的表现，通过这种方式能让家长见证孩子的成长。这也引起了家长的极大关注，我收到了很多家长的评论，如"我家小子不错""我女儿进步了"，等等。家长的评价和反应我会告诉学生，并且告诉他们家长很在乎他们在校的表现，为了不让家长担心，一定要好好表现。通过建立家长微信群，我每天都和家长保持互动，这不仅加强了我和家长之间的联系，还加深了彼此的感情。我也会选择性地把家长发的或写的东西读给学生听或给个别学生看。有一次，一位学生的妈妈在周日凌晨1点多发微信给我，说学生的爸爸癌症晚期，孩子在家不自觉，自控力差，只知道玩网络游戏，她都快要崩溃了。于是，周日晚上我找机会与那个学生谈心，希望她克服缺点，努力上进，做一个懂得感恩的人，让父母放心。现在，那个学生的表现越来越好，成绩也直线上升。利用微信发送或查看短信确实占用了我的休息时间，但是只要是对学生有利，我都愿意尽力去尝试。我相信我的真诚和付出一定会得到家长的理解与配合，我也真切地期望我的每一个学生在我和家长的共同关注下能够茁壮成长。

四、结语

经过一段时间的探索和实践，我逐渐形成了"做有生长力和幸福感的教育"这一教育理念。有生长力和幸福感的教育是我追求的目标。在多年的教育实践中，我努力关注每一个学生的成长和进步，注重与学生们的沟通和交流，了解他们的想法和需求，以便更好地引导他们学习和发展。同时，我也注重培养学生们的创新能力和实践能力，通过组织各种实践活动和比赛，让学生们在实践中学习和成长。

对教育事业的热爱与追求

教育，是塑造灵魂、开启智慧之门的神圣使命。教育，是一场永无止境的征程，而对教育事业的热爱与追求，则是驱动我不断奋进的强大引擎。当我踏入教育的殿堂时，那份源自内心深处的炽热情感便开始燃烧，引领我去追寻更高远的教育理想。

一、热爱教育事业，点燃心中的火焰

教育事业，是崇高而伟大的。它如同璀璨的星辰，照亮了无数人前行的道路；它关乎国家的未来，民族的希望。作为一名教师，我深感荣幸。每当看到学生们清澈、明亮的眼睛，听到他们纯真烂漫的笑声；每当看到学生们从懵懂无知到明理懂事，从迷茫困惑到坚定自信，那种成就感和喜悦是无法用言语来形容的，我就更加坚定了自己从事教育事业的决心。我要用心去呵护，用爱去浇灌，期待他们在阳光下绽放出最绚烂的姿态。我热爱教育事业，热爱我的学生，热爱这个充满挑战和机遇的岗位。

"教书重要，育人更重要。"在我看来，教育事业不仅是传授知识，更是塑造人的灵魂。教师的职责，不仅是教书，更是育人。我们要用自己的智慧和爱心，点燃学生心中的火焰，激发他们的求知欲和创造力。我们要让他们明白，学习是为了追求更高的目标，实现更远大的理想。

在教育的道路上，或许会有困难与挫折，但只要心中的火焰熊熊燃烧，我们就能无畏风雨，勇往直前。让我们用热爱点燃教育的激情，用智慧开启学生的心灵之门，用奉献书写教育的辉煌篇章。因为，热爱教育事业，就是热爱生命的无限可能，就是点燃希望的永恒灯塔。

二、追求卓越，不断提升自我

教育事业是一项永无止境的追求。面对教育工作中的挑战和压力，我始终保持乐观、坚韧的态度，将困难视为成长的机会，学会调节情绪，避免负面情绪对工作和生活的影响，培养积极向上的心理状态；我也时刻保持谦虚、进取的心态，不断学习新知识，掌握新技能，提高自己的专业素养。只有这样，我们才能更好地适应教育事业的发展需要，为学生提供更加优质的教育服务。

追求卓越，不仅是个人的事情，更是整个教师团队的事情。非洲有一句谚语："一个人走得快，一群人走得远。"其含义是，或许一个人的确能走得很快，但是一群人才能让你走得更长远。成功源自集体的团结和协作努力。因此，在教育教学过程中，我与备课组、教研组的同事都建立了良好的合作关系，共同探讨教学问题，分享经验和资源；积极参与学校和上级教育部门组织的教育教研活动，与同行交流经验，拓宽视野，丰富自己的教育理念。尤其是我所引领的怀化市高中英语名师工作室和湖南省张欢英名师工作室均成了相互学习、相互借鉴、相互支持、团结合作、和谐高效、共同成长的教师团队，我们携手共同应对教育事业中的各种挑战，并取得更加优异的成绩。

三、关注每一个学生，实现个性化教育

每个学生都是独一无二的。他们有着不同的性格、兴趣、潜力和特长。作为教师，我们要关注每一个学生，了解他们的需求和特点，为他们提供个性化的教育服务。根据每个学生的学习水平和能力，为他们制订个

性化的学习目标和计划。调整教学进度和难度，以适应不同学生的需求，确保每个学生都能在学习中有所收获。在教学中，我会采用讲解、讨论、实践、小组合作、项目式学习等多种教学方法，以此来满足不同学习风格学生的需求；灵活运用现代教育技术，为学生提供丰富的学习资源和平台；鼓励学生根据自己的兴趣和特长发展，参加校本课、社团、兴趣小组等，在可能的范围内，实现课程个性化；此外，除了考试成绩外，我还建立包括课堂表现、作业完成情况、项目成果、小组合作能力等多元化的评价体系，并定期给予学生具体的、有建设性的反馈，帮助他们了解自己的进步和需要改进的地方。我们要尊重学生的个性差异，鼓励他们发挥特长和优势。我们要关注学生的心理健康，帮助他们建立自信、自尊、自强的品质。我们要关注学生的全面发展，培养他们的创新精神和实践能力；同时，我注重与家长的沟通和合作，及时向家长反馈学生的学习情况和表现，听取家长的意见和建议，以此形成教育合力，实现个性化教育，共同促进学生的成长和发展。

四、勇于创新，推动教育事业的发展

教育事业需要不断创新和进步。2016年，《中国学生发展核心素养》发布，故而聚焦学生核心素养的培养，乃是时代发展和中国基础教育改革的必然选择。作为教师，我们需要摒弃传统的应试教育观念，聚焦学生核心素养，注重学生在校期间的内涵发展，走出校园后的终身发展、可持续性发展，树立以培养学生综合素质、创新能力和实践能力为核心的现代教育理念，充分发掘学生的潜能。因此，我积极尝试新的教育理念和方法，勇于探索新的教育模式和途径，密切关注学生的兴趣和需求，关注社会的变化和发展，及时调整教育策略和方向。在教育教学中，运用在线教育、虚拟现实、人工智能等现代信息技术，丰富教学手段，提高教学效果。同时，我也积极推广项目式学习、探究式学习、合作学习等方法，培养学生的自主学习能力和团队协作精神。

不仅如此，我还深刻认识到教育科研对提高教学质量、促进自身专业发展的重要性。因此，作为教师，必须加强教育科研工作，增强科研意识，树立积极参与科研的观念；关注教育领域的新趋势、新问题，培养敏锐的科研洞察力；广泛阅读教育类书籍、期刊和研究报告，掌握教育科研的基本理论和方法；参加教育科研相关的培训课程、学术讲座，不断更新知识和技能；结合教学实践，从日常教学中发现问题，将教学中的困惑、难题转化为研究课题；对教学过程中的成功经验进行总结和提炼，形成具有推广价值的研究成果；深入研究教育现象和问题，总结教育经验和规律，推动教育理论和实践的创新与发展；积极参与教育交流和合作，与同事组成研究小组，共同探讨问题、分享经验和资源；主动参与学校或区域组织的教研活动，与同行交流研究心得；在研究过程中不断反思方法和策略的有效性，及时调整研究方向和方法；对研究结果进行深入反思，总结经验教训，为后续研究提供参考；按照学术规范，将研究过程和结论撰写成论文、研究报告等形式，努力在教育期刊上发表研究成果，扩大影响力；将研究成果应用于自己的教学实践，检验其效果，并不断完善；向其他教师推广应用研究成果，促进共同发展。总之，教育科研是教师成长的必经之路，也是提高教学质量的关键所在。我们要以积极的心态、扎实的行动投入教育科研中，不断探索创新，为教育事业的发展贡献自己的力量。

五、坚守初心，砥砺前行

最后，我想说的是，我们要坚守初心，砥砺前行。我们要始终牢记自己的使命和责任，始终保持对教育事业的热爱和追求。无论遇到多大的困难和挑战，我们都要坚定不移地前进，为我们的教育事业贡献自己的力量。怀揣着热忱与梦想，在育人的征程上砥砺前行。

持续学习与研修

"流水不腐"，唯有不断地注入知识的活水，才能永葆清活。活到老，学到老，做学者型教师是我永恒的追求，为了提高自己的专业知识水平，了解教育教学最新动态，不断地更新知识，我注重翻阅各种教学刊物，将好的经验和构思用于自己的教学中。作为教师，培养一代又一代的优秀人才是我们的使命，而这个使命的完成，离不开我们自身的专业素养和专业成长，因为教师的文化底蕴、教育追求、教育智慧决定了一名教师是否能担负我们这个时代的教师使命。一名教师要想真正地成为学生成长的引领者、学生潜能的唤醒者，必须树立终身学习的观念，明确专业成长的重要基石——持续学习与研修。

一、持续学习的重要性

在快速变化的时代背景下，知识更新换代的速度日益加快。作为教育工作者，我们必须紧跟时代的步伐，不断更新自己的知识体系，才能为学生提供最新、最全面的教育。持续学习不仅是我们专业成长的必由之路，更是我们应对教育变革的重要武器。首先，提升专业素养。持续学习可以帮助我们不断更新教育观念，进而提升专业素养。通过学习新的教育理论、教学方法和教学技能，我们可以更好地理解学生的学习需求，为他们提供更加科学且有效的教育。其次，拓宽教育视野。通过持续学习，我们可以开阔教育视野，了解不同地域、不同文化背景下的教育实践和成功经验。这些宝贵的经验更可以为我们提供新的教育思路和方法，使我们的教育更具创新性和包容性。最后，激发教育热情。持续学习能够有效地激发我们内心深处的教育热情，让我们自始至终保持对教育事业的那份挚爱和不懈追求。在持续学习的进程中，我们会源源不断地发现新的教育价值和意义。这些新的发现使我们能够更清晰地认识到教育的重要性和深远影响，从而更加坚定不移地全身心投身于教育事业，为其发展贡献自己的力量。

二、研修的价值与意义

研修是持续学习的一种重要形式，它为我们提供了一个深入学习和交流的平台。通过研修，我们可以与同行们共同探讨教育问题，分享教育经验，相互启发、相互借鉴。首先，提升实践能力。研修活动通常包括实地考察、案例分析、教学观摩等环节，这些环节可以帮助我们更加深入地了解教育实践，增强我们的实践能力。在研修过程中，我们能够观摩优秀教师的教学过程，悉心学习他们的教学方法和技巧，从而提升自己的教学水平。其次，拓展人脉资源。通过研修活动，我们可以结识来自全国各地的优秀同行和教师专家，积累广泛的人脉资源。这些人脉资源极具价值，它们能够为我们源源不断地提供更多的教育信息和资源支持，有力地帮助我们更好地开展教育教学工作。最后，激发创新思维。研修活动通常会涉及多个领域和学科的交叉融合，这无疑为我们提供了丰富多样的创新思路和方法。在研修过程中，首先，不同学科的知识和观点相互碰撞，给我们带来了全新的思考视角；其次，我们能够从多样化的学科角度去深入思考教育问题，从而挖掘出新的解决思路和方法；最后，这一系列的探索和发现将有效地激发我们的创新思维，为我们的教育工作注入新的活力。

三、参加的培训课程和学术研讨

做学者型教师是我矢志不渝的永恒追求。为了提升自己的专业知识水平，我踊跃参加各类课程培训，如教育教学方法培训、课程标准解读培训、信息技术应用培训、班主任培训、师德师风培训，等等。同时，我还积极参与学科前沿研究成果研讨以及跨学科教育研讨。学习培训始终在进行，线上线下双管齐下、齐头并进。

我先后奔赴长沙、衡水、上海、成都、延安、南京、青岛、重庆等地学习。参与培训的主要项目繁多，具体如下：中部十省中小学安全教育与安全管理国家级远程专题培训；湖南省国培项目中的班主任远程培训；教育科研课题主持人培训；普通话培训；旨在提高教研能力的班主任工作研讨会；怀化市高中骨干教师英语工作坊项目培训；湖南省中小学（幼儿园）教师信息技术应用能力提升工程培训；湖南省中小学教师中华传统文化教育网络研修；全国中小学班主任核心素养与智慧提升高级研修班；湖南省"考试招生制度改革背景下的教与学"网络研修；首届"湖湘优秀班主任"表彰大会暨第七届班主任工作研讨会；怀化市教育管理后备干部能力提升工作坊（A348）；"国培计划"怀化市教师培训管理者研修（C1201）培训；等等。2018年11月，经由湖南省教育厅推荐，我有幸参加华东师范大学与省厅战略合作培训项目——高中学科精英教师培养高端研修。2023年，我入选湖南省新时代名师培养对象，由湖南师范大学外国语学院对我展开为期三年的培训培养。

在培训中，我认真聆听专家的讲座，与学员交流探讨，撰写学习心得，并主动进行案例分享。2021年7月，在延安举办的怀化市教育管理后备干部能力提升工作坊研修中做了"做有生长力和幸福感的教育"的案例分享；2023年10,月在重庆举办的培训管理者培训中做了"创新校本培训 促进教师专业发展"的案例分享，这些案例分享均获得了同行的好评。由于表现突出，我多次被评为优秀班干部和优秀学员。

通过不断地培训与研讨，我的教育教学能力显著提升，能够更加灵活地运用各种教学方法和手段，满足不同学生的学习需求，提高课堂教学效果，能根据学生的反馈及时调整教学策略，使教学更加具有针对性和适应性。同时，我的课程开发与设计能力增强，能够独立设计出具有创新性和吸引力的课程，提高了课程的质量和实用性，能有效地整合各种课程资源，为学生提供更加丰富和优质的学习材料。此外，我的信息技术应用水平得到了有效提高，能够熟练运用教育技术工具，丰富了教学形式和内容，激发了学生的学习兴趣，能充分利用在线教学平台开展教学活动，拓宽了教学的时空范围，提高了教学的灵活性和便捷性。再者，我的师德师风意识也更加严谨，更注重自身的师德修养，关心、关爱每一位学生，努力成为学生的良师益友，以高尚的师德师风引领学生成长。

在教育教学工作中，我会将培训所学应用于教学实践，在日常教学中积极尝试新的教学方法和手段，不断探索适合学生的教学模式，结合教学实际，对课程进行优化设计，提高课程的质量和吸引力。我将持续学习，努力提升自我，关注教育领域的最新动态和研究成果，不断更新教育理念和知识结构；参加各类学术交流活动和培训课程，不断提升自身的专业素养和教学水平。我会继续加强团队合作与交流，与同事分享培训收获和教学经验，共同探讨教学中遇到的问题和解决方案，积极参与学校的教研活动，促进团队成员之间相互学习和共同进步。

四、自主学习的方法和习惯

作为一名教育工作者，我深知自主学习对于教师个人成长和专业发展的重要性。在长期的教学实践中，我总结出了一些有效的自主学习方法与习惯，希望与广大教师同仁分享。

（一）选择合适的学习策略

1. 阅读专业书籍和期刊

自从踏上教育之路，我就开始订购专业书籍和期刊，如《第56号教室的奇迹》《做最好的教师》《这样当好班主任》《卓越教师的专业修炼》《中小学外语教学》《中学外语教与学》《英语学习》《英语文摘》等，并定期阅读教育领域的权威著作、学术期刊，了解最新的教育理念、教学方法和研究成果，紧跟时代步伐，不断更新和深化知识体系，深入理解教育学科的理论基础和前沿动态，从而更系统、更全面地把握教育的本质和规律。

2. 参加在线课程和学习平台

我积极利用网络上丰富的在线教育资源，学习新的教学方法和技术，如教学设计、课堂管理、教育技术应用等方面，还在在线教学平台开展混合式教学，聆听来自教育领域专家的讲座和指导，从而增强自身的专业素养和教育洞察力，帮助教师提升教学能力。

3. 观看教育讲座和视频

我在各大视频平台搜索教育相关的讲座、公开课，接触到了不同地区、不同学校的教育实践和经验分享，了解了多样化的教育模式和策略，从而拓宽自身的教育视野，汲取他人的经验不再局限于本地或本校。

4. 建立学习交流群

我与同事或同行组成学习小组，在网上建立微信交流群，如怀化市高中英语张欢英名师工作室群、湖南省张欢英名师群、HTET群等，定期交流学习心得、分享教学资源，共同探讨疑点难点问题，共同进步，共同成长。

5. 实践反思

在教学实践中，我始终坚持进行教学反思。我认真总结成功经验，也毫不避讳不足之处。在此基础上，我积极探索，不断尝试新的教学方法，并及时根据实际效果调整改进，力求让教学过程更完善，教学成果更显著。

6. 课题研究

问题即课题，面对教学中的实际问题，我积极开展微课题研究。深入剖析问题根源，探寻解决之策，以此提升自己的专业水平。不仅如此，我还期望为教育研究提供有益的思路和参考，同时不断积累经验，努力提升自身的学术研究能力。

（二）制订学习计划，养成良好的学习习惯

制订学习计划是自主学习的关键步骤。我会根据自己的时间和能力，明确学习目标和时间安排，合理安排学习进度和任务分配，合理规划每天或每周的学习任务，固定一个时间段用于学习，提高学习效率，定时定量学习，避免拖延和分散注意力。例如，我每天抽出1小时阅读教育类书籍或期刊，每周参加一次在线教育平台的课程学习，每两个月参加一次学科研讨会或学术会议。

良好的学习习惯对于提高学习效率和质量至关重要。为了注重知识的积累和整理，我建立了个人电子知识库，每天做好学习笔记，记录重要的观点、案例和自己的思考，便于复习和总结。定期对所学知识进行整理和归纳，构建自己的知识体系，以便于调整学习计划和目标。撰写个人QQ日志，微信公众号，或者发朋友圈，记录学习过程中的心得和体会。我也会在教育平台参与课程讨论区或教师交流群，与同行交流学习心得。

（三）坚持反思与总结

自主学习不仅要关注学习过程，更要关注学习成果和反思总结。在每个学习阶段结束时，我都会对学习成果进行评估和反思，总结经验教训并调整学习计划和目标。例如，在完成一门在线课程学习后，我会对学习内容进行总结和归纳，提炼出重点和难点。在参加学科研讨会或学术会议后，我会对会议主题和讨论内容进行回顾与总结，分析自己的收获和不足。除此之外，我也会定期回顾、翻看个人学习笔记或博客中的学习记录，反思自己的学习方法和习惯是否得当。

自主学习是教师个人成长和专业发展的必经之路。通过明确学习目标、选择合适的学习资源、制订学习计划、养成良好的学习习惯，以及坚持反思和总结等方法与习惯，教师可以不断提高自己的专业素养和教学能力，为学生提供更优质的教育服务。

五、结语

持续学习与研修乃是我们专业成长的坚固基石。身为教师，我们理应始终维持对学习的热忱与追求，持续更新知识体系和教育观念，不断提升自己的专业素养与实践能力。唯有如此，我们方可更好地顺应时代的发展趋势，满足学生的需求，从而为达成教育强国的宏伟目标奉献出自己的一分力量。

教学实践与反思

教学实践与反思是教育领域至关重要的环节。教学实践是教师将教育理念、教学方法和课程内容付诸实际行动，与学生进行互动和知识传授的过程。而反思则是对教学实践进行深入思考、分析和总结，以发现优点和不足，并寻求改进和提升的机会。教学实践涵盖了诸多方面，包括课程设计与规划、教学方法的选择与应用、课堂管理、学生参与度的调动等。例如，在课程设计上，教师需要根据教学目标和学生的特点，合理安排教学内容和教学活动的顺序，以确保知识的系统性和连贯性。在教学方法上，可能会采用讲授法、讨论法、案例分析法、实验法等多种方式，以满足不同学生的学习需求和风格。教学反思则是对教学实践的回顾和评估。教师可以思考教学目标是否达成，教学内容是否清晰易懂，教学方法是否有效，学生的学习效果如何等。通过反思，教师能够发现教学中存在的问题，如学生对某些概念的理解困难、课堂气氛不够活跃等，并思考相应的解决策略。比如，如果发现学生在小组讨论中参与度不高，教师可以反思是否分组不合理，或者讨论的话题不够吸引人，进而在下次教学中做出调整。教学实践与反思相辅相成，共同促进教师的专业成长和教学质量的提高。作为一名英语教师，我深知教学实践的重要性，以及不断反思、调整教学方法的必要性。

一、初入课堂的经历与挑战

作为一名教师，我真切体会了初入课堂所面临的种种挑战。对于每一名新教师而言，站在讲台上的那一刻都是既充满期待又紧张不安。本文将分享我个人初入课堂时的经历与挑战，以及我是如何克服、逐渐成长为一名有经验的教育工作者的。

（一）初入课堂的经历

1. 满怀激情地开始

当我第一次站在讲台上，面对一双双好奇而渴望知识的眼睛时，我的内心犹如汹涌澎湃的大海，充满了无尽的激动与难以言表的自豪。我深知自己肩负着无比重大且神圣的责任，我不仅要将知识的火种传递给每一位学生，更要成为他们求学道路上的引路人，为他们点亮前行的明灯，让他们在充满未知与挑战的未来道路上，能够步伐稳健、意志坚定地奋勇前行，去追寻属于自己的光明与梦想。

2. 紧张与不安

随着课程的深入，我逐渐感受到初入课堂的紧张与不安。课堂上，学生的反应是各种各样的，比如有的学生一脸茫然，有的学生交头接耳，这让我难以知道他们的真实想法。课堂氛围的营造也成了我的一大难题，如何才能让课堂既严肃认真又不失活泼有趣，令我绞尽脑汁。对于教学内容的把控更是让我焦头烂额，如何在规定的时间内将重点、难点清晰透彻地讲解给学生，同时让他们充分理解吸收，这使我深感棘手。尤其是当面对一些调皮捣蛋、不服管教的学生时，我常常有种手足无措之感，内心时常涌现出力不从心的无奈。他们的行为不仅扰乱了课堂秩序，更让我的教学计划难以顺利进行，而我却似乎找不到有效的方法去应对和解决，这无疑进一步加剧了我的不安和焦虑。

3. 不断摸索与成长

在初入课堂的那些难忘的日子里，我不断摸索、不断尝试，努力寻找契合自身特点且有效的教学方法。我向有经验的教师请教，耐心倾听他们的建议和指导；积极主动地与同事交流心得，共同探讨教学过程中出现的难题和解决方法；参加各种教育培训活动，不断提升自己的教学能力和专业素养。在这个过程中，我一步步地战胜了内心的紧张与不安，并且找到了自己的教学风格和节奏，能够游刃有余地把握教学节奏。

（二）初入课堂的挑战

1. 课堂管理的挑战

初入课堂时，课堂管理是我面临的最大挑战之一。如何让学生保持安静、如何调动学生的积极性、如何处理好师生关系等问题都让我倍感困惑。为了解决这些问题，我不断尝试了各种课堂管理方法，如精心设计问题、耐心启发引导学生、采用多样化的教学方法、课堂节奏推进稳中有变、认真观察课堂及时给予学生反馈等。经过一段时间的努力，我逐渐掌握了课堂管理的技巧和方法，为学生创造了良好的学习环境。

2. 教学内容的挑战

在教学过程中，我发现自己对于某些知识点的掌握还不够深入，无法满足学生的需求。为了解决这个问题，我不断加强学习，阅读大量的教学资料和参考书籍，了解最新的教育理念和教学方法。同时，我还积极参加各种教学研讨会和学术活动，与同行交流心得和经验。通过不断的学习和实践，我逐渐掌握了更多的教学知识和技能，为学生提供更加优质的教学服务。

3. 学生个体差异的挑战

首先，学生的个人学习风格存在差异。有些学生可能更倾向于通过视觉方式学习，如英语课堂上的教材、图画、图表和视频；而另一些学生可能更擅长通过听觉来获取知识，如听力练习、英语歌曲的聆听和口语交流；还有部分学生则在动手实践和实际操作中学习效果更佳。这种学习风格的差异性则要求我采用多样化和多元化的教学方法，以满足不同学生的需求。其次，学生的语言基础和先前的学习经历各不相同。部分学生可能在入学前就有较好的英语基础，而另一些学生的英语基础可能比较薄弱。这意味着我在教学进度和内容深度的把握上需要具备高度的灵活性，既要照顾基础薄弱的学生，确保他们能够跟上课程，又要为基础较好的学生提供足够的拓展和提升机会。此外，学生的学习动机和兴趣点也存在差异。有的学生对英语的兴趣源于对欧美文化的热爱，有的学生则是出于未来职业发展的需求，还有的学生可能只是为了通过考试。了解并激发学生的内在学习动机，对于提高教学效果至关重要。最后，学生的认知能力和学习速度有所不同。有些学生能够快速理解和掌握新知识，而有些学生可能需要更多的时间和反复练习。因此，我需要有耐心和敏锐的观察力，及时发现那些需要额外支持和辅导的学生，并给予他们适当的帮助。总而言之，每个学生都是独一无二的个体，他们有着不同的兴趣、爱好、学习方式和能力水平。如何满足学生的需求、如何关注学生的发展、如何促进学生的全面发展等问题都让我感到困扰。为了解决这些问题，我积极关注学生的个体差异，了解他们的需求和特点，为他们量身定制个性化的教学计划和教学方法。同时，我还注重培养学生的自主学习能力和创新精神，让他们在掌握知识的同时能够发挥自己的潜力。

4. 教学资源有限

大学毕业后，我被分配到湖南怀化（湘西地区）一所农村中学教书，在那里工作了三年，我深刻认识到教学资源的有限性确实对英语教学方法的多样性和创新性构成了限制。首先，有限的现代化的教学设备设施，如多媒体设备，可能会限制我们采用多媒体辅助教学和互动教学等现代化教学方法的能力，还可能导致我们难以通过生动形象的方式呈现教学内容，影响学生的学习兴趣和积极性。教材、辅助材料、英语课外读物等英语教学资源的不足可能无法满足学生不同层次和学习风格的需求。如果教材等内容陈旧单一，不能反映语言的最新变化和实际应用场景，那么学生所学知识可能会与现实脱节，难以在现实生活中灵活地运用英语。此外，怀化地区有限的教师培训资源和机会也会限制农村中学教师更新教学理念与教学方法。总之，由于条件限制，我们无法为每个学生提供丰富的教学资源，如先进、现代化的多媒体，丰富的英语材料资源等，这在一定程度上影响了教学效果。

5. 教学方法单一

初上讲台，45分钟的课堂，我单纯地注重语法、词汇的讲解，让学生处于被动学习的方式。我发现学生的学习动力、学习兴趣慢慢地在下降，课堂缺乏活力。我逐步意识到英语是一门语言，语言学习不仅仅是语法和词汇的讲解，还包括听力、口语等多方面的技能，多样化的教学才能够促进学生的成长。因此，如何多样化和生动化地进行英语教学，以满足不同学生的要求和期望，是我在教学过程中遇到的挑战之一。

初入课堂时，我面临着种种挑战和困难。但是通过不断地摸索、尝试和努力，我逐渐克服了这些困难并成长为一名有经验的教育工作者。回顾过去的经历和挑战，我深感自己取得了很大的进步和成长。同时，我也意识到教师这个职业需要不断地学习和进步才能适应不断变化的教育环境与学生的需求。

二、不断改进教学方法的案例

作为教师，我们肩负着传承知识、启迪智慧的崇高使命。然而，随着时代的进步和教育的变革，传统的教学方法已难以满足当今学生的需求。作为一名深耕教育领域多年的教师，我始终秉持着持续改进教学方法的理念，努力提升教学质量，为学生的全面发展贡献力量。

（一）引入互动式教学，激发学生的学习兴趣

在传统的教学模式中，教师往往扮演着知识传授者的角色，而学生则被动地接受知识。然而，不得不承认，这种教学方式在很大程度上往往难以激发学生的学习兴趣和内在积极性。就拿高中英语的词汇教学来说，以往的教学中，教师只是单调地讲解词汇的拼写、读音和释义，学生机械记忆，效果不佳。为了改变这一现状，我开始尝试引入互动式教学。通过设计具有一定难度和深度的挑战性问题，比如让学生用新学词汇进行故事创作；开展小组讨论，探讨英语课文中的文化内涵；安排生动有趣的角色扮演，模拟英语场景中的交流；等等。以这些多元方式，让学生在课堂上能够充分参与，积极互动交流。这种充满活力与创新的教学方式所带来的成效是显著的。它不仅提高了学生的课堂参与度，使课堂不再是教师的"一言堂"，还有效地激发了学生的学习兴趣和旺盛的求知欲，让学生从"要我学"转变为"我要学"。

（二）借助多媒体技术，丰富教学内容和形式

随着科技的发展，多媒体技术已成为教学过程中的重要辅助工具。通过利用多媒体技术，我们可以将枯燥的文字转化为生动的图片、音频和视频，使教学内容更加丰富多彩、易于理解。例如，在牛津译林版高中英语选择性必修一Unit 1 Food matters的教学中，我利用多媒体技术展示了一段关于不同国家的特色美食视频。这段视频将异域美食以直观、生动的形式展现出来，让学生们一目了然地了解异域美食，激发学生对"饮食文化"这一话题的兴趣。同时，我还鼓励学生自己制作PPT或视频来进行课前演讲，展示学习成果，这不仅锻炼了他们的动手能力和创造力，还提高了他们的学习兴趣和自信心。互联网、人工智能等技术的发展也给英语教学带来了前所未有的变革，提供了更多的可能性，如在线教学、智能教学辅助工具等。互联网以其强大的信息传播能力，构建起了跨越地域和时空的在线学习平台，让学生能够随时随地获取丰富的英语学习资源。而人工智能

技术则凭借其卓越的数据分析和学习能力，为学生量身定制个性化的学习方案。它可以通过智能语音识别技术，精准纠正学生的发音；利用智能算法，推送最适合学生水平和需求的个性化学习内容。这些技术的发展，给英语教学带来了机遇，让教学变得有趣高效。

（三）关注个体差异，实施差异化教学

每个学生都是独特的个体，他们在学习上存在着不同的差异和需求。为了更好地满足学生的个性化需求，我开始关注个体差异并实施差异化教学。通过了解学生的学习能力、兴趣爱好和性格特点等信息，我为他们量身定制了不同的教学计划和策略。例如，对于学习能力较强的学生，我为他们提供了更多的拓展阅读材料和实践机会；对于学习能力较弱的学生，我则更加注重基础知识的讲解和巩固训练。同时，我还鼓励学生互相帮助、共同进步，营造和谐、积极的学习氛围。

（四）注重评价与反馈，不断优化教学方法

评价和反馈是教学过程中不可或缺的环节。通过及时、准确地评价和反馈，我们可以了解学生的学习情况和问题所在，从而不断优化教学方法和策略。在教学过程中，我注重对学生的作业、测试和课堂表现进行评价与反馈，及时发现和纠正他们的错误与不足之处。同时，我也鼓励学生积极参与评价过程，并提出宝贵的意见和建议。这些意见和建议为我提供了宝贵的参考与启示，帮助我不断优化和改进教学方法。例如，在一次英语教学中，我发现许多学生在口语表达方面存在困难。为了帮助他们提高口语水平，我开始组织口语练习小组并鼓励组内同学相互帮助。经过一段时间的实践和努力，学生们的口语水平得到了显著的提高。

（五）运用多样化资源，拓宽教学内容的深度

除了传统的教材外，我还通过让学生阅读英文原著、观看英文电影、参加英语角等方式，为他们提供丰富的英语学习资源。这些资源为学生提供了丰富的语言素材和真实语境，能让学生更加直观地了解和感受英语文

化，还增强了学生对英语学习的趣味性。如今，资源的多样性和丰富性为英语教学注入了新的活力，能够帮助学生全面发展。

通过不断改进教学方法的实践和探索，我深刻体会到了教学创新的重要性和必要性。作为一名教师，我们应该始终保持开放的心态和创新的精神，不断学习新知识和技能以丰富教学方法与手段。同时我们还要关注学生的个性化需求和特点为他们提供最适合的教学方案与支持。只有这样，我们才能更好地履行教师的职责和使命为学生的全面发展贡献力量。

三、教学实践中的反思与总结

（一）注重学生需求

在教学实践中，我深刻认识到学生需求的重要性，只有深入了解学生的需求和问题，才能有针对性地制定教学计划和教学方法。因此，我会经常与学生沟通和交流，了解他们的学习情况和需求，以便更好地满足他们的需求。

（二）不断学习与创新

教学实践是一个不断学习和创新的过程，作为一名教师，我们需要不断学习新的教学理念和方法，尝试将新的技术应用到教学中去，以提高学生的学习效果和兴趣。同时，我们还需要对自己的教学实践进行反思和总结，发现不足之处并加以改进。

（三）营造积极的课堂氛围

课堂氛围对于学生的学习效果有着重要影响，作为一名教师，我们需要努力营造积极的课堂氛围，让学生感受到英语学习的乐趣和价值。这需要我们关注学生的情感需求，关注他们的心理变化，给予他们足够的鼓励和支持。

四、结语

教学实践与反思，为我的教育之旅拉开了序幕，为我开启了一扇审视教育过程的窗口，它让我明白，教学不仅是知识的传递，更是在实践中成长、在反思中升华的艺术之旅。通过实践，我积累了经验；通过反思，我找到了进步的方向。实践中的尝试与摸索，反思中的总结与提升，都将成为我不断前行的动力源泉。

引入新的教学模式和方法

随着全球化的加速和科技的飞速发展，英语作为国际交流的重要工具，其教育地位日益凸显。高中英语教育，作为培养学生英语素养和跨文化交际能力的重要阶段，正面临着前所未有的挑战与机遇。在多年的教育教学过程中，我一直走在高中英语教育的创新与探索之路上。

一、当前高中英语教育的现状与挑战

（一）教育资源不均衡

当前，在我国高中英语教育领域，教育资源的分布呈现不均衡的态势。城乡之间、不同区域之间存在着极为显著的差异。在城市地区，尤其是经济发达的大城市，高中学校往往能够配备非常先进的教学设施，学生能够接触到丰富的英语学习资源，包括优质的教材、权威的辅导资料以及外教资源等。然而，在农村地区以及经济相对落后的区域，许多高中学校的教学条件简陋，缺乏现代化的教学设备，英语教材和辅导资料的更新也相对滞后，甚至可能没有专业的外教。这种不均衡的状况，直接导致学生在英语学习的过程中面临着截然不同的待遇。城市学生能够享受到丰富而优质的教育资源，从而在英语学习中获得更多的机会和优势；而农村和经济相对落后地区的学生，则由于教育资源的匮乏，在英语学习的道路上举步维艰，这极大地影响了他们英语水平的提升和未来的发展。

（二）教学方法单一

传统的"填鸭式"教学方法在当下的英语教育中仍然占据主导地位，然而这种教学方法却非常明显地缺乏创新性和互动性。在这种教学模式下，教师只是一味地单方面向学生灌输知识，学生则被动地接受和记忆。这种单向的知识传递方式，极大地限制了学生的思维拓展和自主学习能力的培养。学生在这样枯燥乏味的学习过程中，难以感受到英语学习的乐趣和魅力，容易产生抵触和厌倦情绪。最终，不可避免地影响了学生的英语学习效果，使得他们在英语知识的掌握、语言技能的提升以及实际运用能力的培养等方面都受到了严重的制约。

（三）跨文化交际能力培养不足

我们的高中英语教育在跨文化交际能力培养方面存在不足，学生缺乏足够的国际视野和跨文化交际能力。在当前的高中英语教学中，往往侧重于语法、词汇等基础知识的传授，以及应试技巧的训练，而对于跨文化交际能力的培养未能给予足够的重视。这限制了学生的全球竞争力和未来发展。学生们在这样的教育环境下，缺乏足够的机会去接触和了解不同国家的文化、习俗、价值观等方面的内容，导致他们在国际视野的拓展上受到限制。同时，由于缺乏系统的跨文化交际训练，学生们在实际的交流情境中，难以准确理解和恰当回应来自不同文化背景的信息，跨文化交际能力明显不足。这一现状严重限制了学生在全球化背景下的竞争力。在当今世界，具备良好的跨文化交际能力已成为衡量一个人综合素养的重要标准之一。缺乏这种能力，学生在未来的求学深造、职业发展以及国际交流等方面都将面临诸多障碍，极大地制约了他们的未来发展空间和可能性。

二、高中英语教育的创新探索

（一）优化教育资源配置

为实现高中英语教育的均衡发展，应优化教育资源配置，通过合理的规划与调整，确保教育资源能够更加公平、有效地分配，并且要大力加强城乡之间、不同区域之间的教育合作与交流。同时，进一步加大教育投入的力度也是至关重要的，不仅要改善教学设施和教学环境，还要注重提高教师的专业素养和教学水平，为教师提供更多的培训机会和进修渠道，帮助他们不断更新教育理念、掌握先进的教学方法。只有这样，才能为学生提供更为优质、丰富且适应时代需求的教育资源，助力学生在英语学习中取得更好的成绩，实现全面发展。

（二）创新教学方法和手段

为了激发学生的学习兴趣和调动他们的积极性，应创新教学方法和手段。例如，采用项目式学习、合作学习等教学方法，让学生在实践中学习英语，提高英语的实际运用能力。此外，还应当巧妙地结合现代教育技术，充分利用丰富的网络资源、先进的多媒体设备等多样化的手段来辅助教学。通过生动形象的展示、直观有趣的互动，营造更加引人入胜的教学情境，从而有效地提高教学效果，让学生在充满乐趣和活力的学习氛围中收获知识、提升能力。同时，还可以鼓励教师开发个性化的教学软件和在线课程，满足不同学生的学习需求。定期组织教师参加教育技术培训，确保他们能够熟练掌握并灵活运用这些新技术、新手段，为教学质量的持续提升提供有力保障。

（三）加强跨文化交际能力培养

为培养学生的跨文化交际能力，首先，强化英语语言知识的传授和基本技能的训练，不仅要确保学生熟练掌握词汇、语法等基础知识，还要注重培养他们的听、说、读、写、译等综合技能，为跨文化交际打下坚实的语言基础。其次，引入国际文化元素，通过生动有趣的课堂讲解、多媒体展示等方式，让学生全面深入地了解不同国家的文化习俗、价值观念和思维方式，使学生在对比中感受文化的差异，增强文化敏感度和包容度。此外，还可以组织各类跨文化交流活动，如文化体验活动、模拟国际会议等，为学生创造真实的跨文化交际场景，让他们在实践中亲身感受和锻炼跨文化交际能力。同时，在活动结束后，组织学生进行反思和总结，进一步提升他们的跨文化交际水平。除此之外，还可以邀请具有跨文化交流经验的专家、学者来校举办讲座，分享实际案例和经验心得。鼓励学生阅读跨文化交际方面的书籍和研究报告，拓宽他们的视野和知识储备。

三、高中英语教育创新策略

（一）树立以学生为中心的教育理念

教师应树立以学生为中心的教育理念，保持敏锐的洞察力，关注学生的个体差异和需求，因材施教。在教学过程中，教师要注重培养学生的自主学习能力，引导学生学会主动探索知识，着力培养学生的创新能力，鼓励学生大胆提出独特的见解和想法，激发他们的创新潜能。同时，教师需着重培养学生的批判性思维能力，教导学生学会理性分析、审慎判断，不盲目跟从，而非让学生被动地接受灌输。此外，教师还应注重营造积极向上的学习氛围，让学生在宽松和谐的环境中成长，善于运用多元化的评价方式，全面、客观、公正地评价学生的学习成果和综合素质。而且，教师也需要不断自我提升，紧跟教育发展的步伐，为学生提供最前沿、最优质的教育指导。

（二）加强自身专业素养的提升

教师应不断提升自身专业素养，关注教育前沿动态和最新研究成果。通过参加教育培训、学术交流等活动，教师需要不断更新自己的教育观念和教学方法，深入学习先进的教育理念和教学策略，并且热情投身于学术交流等相关活动，广泛汲取同行的优秀经验和独到见解。在此过程中，教师也要不断反思和总结自身的教育实践，持续更新教育观念，勇于创新教学方法，使其更加契合时代需求和学生的个人特点。此外，教师还应注重将理论学习与教学实践紧密结合，在实际教学中灵活运用所学的新知识、新方法，并且定期对自己的教学效果进行评估和分析，发现问题及时调整改进。同时，作为一名新时代的教师，我们还应积极参与教育改革和实验项目，为推动教育教学的发展贡献自己的智慧和力量。

（三）开展多元化的教学实践活动

在教育教学中，开展丰富多样的教学实践活动，如组织英语角、英语演讲比赛、英语课本剧表演等活动，从而为学生提供更多实践英语、深入了解不同文化的机会。这些实践活动的开展，能够激发学生的学习兴趣和积极性，充分调动他们的主观能动性。在这些活动的开展过程中，学生的英语实际运用能力和组织策划、共同协作等多方面的综合素质都能得到显著提升。此外，还可以鼓励学生自主策划和组织相关活动，发挥学生的主体作用，增强他们的责任感和自信心。在活动结束后，进行深入的总结和评价，及时反馈学生的表现和进步，为后续活动的优化和学生的进一步成长提供有力支持。

四、项目式学习在教学中的应用

在当今日益全球化的教育环境中，传统的英语教学方式已难以满足培养学生综合素质的需求。项目式学习（Project-Based Learning，PBL）作为以学生为主体的教学模式，正逐渐受到教育工作者的关注，项目式学习是一种以学生为中心，通过解决真实问题、完成实际项目来促进学生知识建构和技能发展的教学模式。在高中英语教学中，这种教学模式独具价值，强调以学生为主体，让学生在项目式学习中扮演主角，积极参与整个学习过程，通过实践活动来掌握和应用知识，涉及多个学科领域的知识和技能，需要学生之间的合作与探究，共同解决问题。

（一）高中英语项目式学习的应用

1. 选择合适的项目主题

在高中英语项目式学习中，教师应根据学生的兴趣和实际水平选择合适的项目主题。例如，可以围绕"跨文化交际"这一主题，让学生探究不同国家的文化习俗、语言差异等。通过这一项目，学生不但能够充分锻炼英语的听、说、读、写等各项能力，而且能够同步提升自身的跨文化交际水平。

2. 设计项目任务与活动

在项目式学习中，教师应设计一系列具有挑战性的任务与活动，以激发学生的学习兴趣和探究欲望。例如，在"跨文化交际"项目中，教师可以设计不同的任务与活动，如收集并整理不同国家的文化习俗资料；小组讨论并展示某一国家的文化特色，编写一篇关于跨文化交际的英语短文，并发表演讲，模拟国际商务谈判场景，进行英语口语交际。

3. 实施项目过程

在项目实施过程中，教师应关注学生的自主探究和合作学习情况，及时给予指导和帮助。同时，教师应鼓励学生勇于尝试、敢于创新，不断挑战自我。在项目实施过程中，教师还可以根据学生的实际情况和项目进展调整教学计划与教学方法。

4. 评估项目成果

项目式学习的评估应注重学生的过程性评价和成果性评价相结合。教师可以通过观察学生的项目过程、听取学生的项目汇报、检查学生的项目作品等方式来评估学生的学习效果。同时，教师还应鼓励学生进行自我评价和同伴评价，培养学生的自我反思和批判性思维能力。

（二）高中英语项目式学习的实践策略

1. 建立项目学习小组

在高中英语项目式学习中，建立项目学习小组可以帮助学生更有效地开展合作学习。教师应根据学生的兴趣和特长进行科学合理的分组，并明确每个小组成员的职责和任务。同时，教师还应关注小组内的合作氛围和沟通效率，一旦发现小组内存在矛盾和冲突，要及时介入并妥善加以解决。

2. 提供丰富的学习资源

在高中英语项目式学习中，提供丰富的学习资源至关重要。教师可以通过图书馆、互联网等途径为学生收集相关的学习资料和信息。同时，教师还可以鼓励学生自己寻找和整理学习资料，培养学生的自主学习能力和信息素养。不仅如此，教师还可以为学生推荐一些权威可靠的学习网站和数据库，指导学生如何筛选和评估信息的价值。此外，教师还可以组织学生进行资源分享会，让学生相互交流获取的优质学习资源，实现资源共享和共同进步。

3. 培养学生的批判性思维能力

在高中英语项目式学习中，教师应注重培养学生的批判性思维能力。教师可以通过引导学生进行问题分析、提出假设、设计实验等过程来锻炼学生的思维能力。同时，教师还应鼓励学生进行独立思考和自主学习，引导学生勇于突破常规，培养他们的创新意识和创新精神。此外，教师还可以创设具有挑战性的问题情境，激发学生的探究欲望。在学生思考和实践的过程中，给予适时适度的指导和反馈，帮助学生不断完善思维方式，提高创新能力，还可以组织学生进行思维碰撞的讨论活动，让学生在交流中互相启发，进一步提升批判性思维和创新能力。

4. 注重学生的情感体验和人文素养

在开展高中英语项目式学习的过程中，教师需要格外注重学生的情感体验以及人文素养的培育。教师能够凭借巧妙的设计，为学生打造有趣且富有意义的活动和任务。例如，组织英语电影配音活动，让学生在模仿角色的过程中感受语言的魅力和情感的传递，从而激发他们浓厚的学习兴趣和强烈的探究欲望。不仅如此，教师还应当发挥引导作用，引领学生将目光投向社会热点和人文话题。可以让学生针对国际环保议题展开英语辩论，探讨解决方案；或者引导学生用英语讲述身边的感人故事，传递温暖与力量。通过这样的方式，培养学生的社会责任感，使他们懂得关注社会、关心他人，滋养人文关怀精神，成为有温度、有担当的新时代青年。

（三）结语

高中英语项目式学习是一种极具挑战性与创造性的教学模式。在这种模式的实施过程中，学生能够获得多方面能力的锻炼与提升。比如，通过参与各类项目，学生的英语听说读写能力得以全方位强化，能够更加流利和准确地运用英语进行表达；在与不同文化背景的交流合作中，跨文化交际能力显著增强，能更好地理解和尊重多元文化；项目中的分析、推理和评价环节，有效培养了学生的批判性思维能力，让学生学会独立思考和创新。与此同时，项目式学习还发挥着重要作用。它能促使学生更深入地理解英语知识，不再是死记硬背，而是在实际情境中灵活应用。这不仅极大地提高了学习效果，还显著提升了学习质量。鉴于其诸多优势，教师应当积极主动地探索和实践高中英语项目式学习，为学生创造更优质、更高效的学习环境。

五、小组合作学习的实践

随着教育改革的不断深入，小组合作学习已成为当今课堂教学的重要组成部分。作为教师，我们不仅要传授知识，更要培养学生的合作能力、创新精神和解决问题的能力。我将从多年的教育教学实践出发，分享小组合作学习在实践中的应用与体会。

（一）小组合作学习的理论基础

小组合作学习，顾名思义，是指学生在小组中通过分工协作、共同学习来达成学习目标的一种教学方式。它强调学生之间的互助、交流和合作，有助于提高学生的参与度、责任感和团队精神。同时，小组合作学习还能促进学生的自主学习和创新思维的发展。

（二）小组合作学习的实施步骤

1. 合理分组

合理分组是小组合作学习的基础。教师应根据学生的实际情况，如学习能力、兴趣爱好、性格特点等，将学生分成若干小组。每个小组的人数应适中，避免人数过多导致参与度降低，或人数过少影响合作效果。

2. 明确任务

在分组后，教师应为每个小组分配明确的学习任务。任务应具有挑战性，能够激发学生的探索欲望，同时又要符合学生的实际情况，确保他们能够合作完成任务。教师还应为每个任务设定具体的时间限制，以提高小组合作学习的效率。

3. 分工协作

在明确任务后，小组内部应进行分工协作。每个成员应明确自己的任务和责任，充分发挥自己的特长和优势，共同为完成小组任务而努力。在合作过程中，学生之间应互相帮助、互相学习，共同解决问题。

4. 成果展示

在完成学习任务后，每个小组应进行成果展示。展示形式可以多样化，如口头报告、PPT演示、实物展示等。学生可以展示自己的学习成果，同时也可以借鉴其他小组的优点和经验，不断提高自己的合作能力和创新能力。

5. 评价反思

成果展示后，教师应及时对小组合作学习进行评价和反思。评价应关注学生在合作过程中的表现、学习成果以及合作效果等方面。反思并总结本次小组合作学习的经验和教训，为今后的教学实践提供参考。

（三）小组合作学习的实践体会

1. 提高了学生的参与度和责任感

在小组合作学习中，学生需要互相协作、共同完成任务。这种学习方式能够激发学生的参与欲望和责任感，使他们更加积极地投入学习中去。同时，学生在合作中还能发现自己的不足和优势，不断提高自己的学习能力和合作能力。

2. 促进了学生的自主学习和创新思维的发展

小组合作学习鼓励学生自主探索、互相交流。在合作过程中，学生需要运用自己的知识和经验来解决问题，这有助于培养他们的自主学习能力和创新思维。同时，学生之间的互相交流还能促进知识的共享和传播，进一步提高学习效果。

3. 增强了班级凝聚力和团队精神

小组合作学习强调学生之间的互助和合作。在合作过程中，学生需要共同面对困难、共同解决问题。这种学习方式能够增强班级凝聚力和团队精神，使学生更加团结、友爱。同时，学生在合作中还能学会尊重他人、关心集体，形成良好的道德品质和社会责任感。

（四）结语

小组合作学习是一种富有成效的教学方式。作为教师，应该积极探索和实践小组合作学习模式，努力培养学生的合作能力、创新精神和解决问题的能力。同时，教师也要关注小组合作学习的实际效果和学生的反馈意见，不断完善和优化教学方式方法，为学生的全面发展奠定坚实的基础。

高中英语教育的创新与探索是一个长期而复杂的过程。我们应积极应对当前高中英语教育面临的挑战，勇于探索创新之路。通过优化教育资源配置、创新教学方法和手段、加强跨文化交际能力培养等方面的努力，为学生的英语学习和未来发展创造更好的条件。同时，我们还应秉持以学生为中心的教育理念，加强自身专业素养的提升，开展多元化的教学实践活动，为学生的全面发展贡献自己的力量。

英语校本课程设计与开发

随着全球化的推进，英语作为国际交流的主要语言，其教育地位日益凸显。英语课程的设计与开发，不仅关系到学生的语言能力提升，更影响到他们的未来发展和跨文化交际能力。本文将从英语校本课程设计的原则、过程，以及开发的策略三个方面，探讨如何有效地进行英语校本课程设计与开发。

一、英语校本课程设计的原则

（一）需求分析

在着手设计英语校本课程之前，我们首要的任务是对学生、社会以及课程本身的需求展开深入剖析。要清楚地了解学生的英语水平、学习兴趣以及学习风格等方面存在的个体差异。与此同时，还需密切关注社会对于英语能力的具体需求，以及课程本身的目标设定和精准定位。只有全面且深入地完成这些需求分析，我们才能为设计出高质量、有实效的英语校本课程奠定坚实基础。

（二）实用性原则

英语校本课程的设计应当与实际紧密结合，切实保障学生所学的英语知识能够在实际生活与工作中得以运用。这就要求我们在设计课程的过程中，高度重视实用性和实践性。比如，可以通过模拟真实的生活场景，如商场购物、机场登机等，让学生在逼真的情境中进行交流；或者开展多样化的实践活动，如英语演讲比赛、英语角等，以此来增强学生的英语应用能力。

（三）层次性原则

由于学生的英语水平存在差异，为了满足他们的个性化需求，我们应当针对不同层次英语水平的学生，精心设计具有相应层次的英语校本课程内容和难度。对于基础薄弱的学生，课程内容应侧重于基础知识的巩固和简单应用；对于水平较高的学生，课程内容则应更注重知识的拓展和深度挖掘。同时，在校本课程的整体设计上，我们也要特别留意知识的层次性和连贯性。要让课程像阶梯一样，由易到难、由浅入深，确保学生能够在这种循序渐进的学习过程中，一步一个脚印，扎实地逐步提高英语水平，实现持续的进步和发展。

（四）综合性原则

英语校本课程的设计应当全面涵盖听、说、读、写四个方面，将重点置于培养学生的综合语言运用能力上。要让学生在各项语言技能的训练中达到平衡发展，从而能够自如地运用英语进行交流和表达。此外，我们还需要积极地将英语知识与其他学科相互融合。比如，在英语课程中引入科学实验的英文描述，或者用英语讲述历史故事，以此拓宽学生的视野，丰富他们的知识面，让学生能够在跨学科的学习中更好地理解和运用英语知识。

二、英语校本课程设计的过程

（一）确定课程目标

根据需求分析的结果，明确英语校本课程目标，包括语言技能目标、学习策略目标、情感态度目标等。这些目标将指导我们后续的课程内容设计和教学方法选择。

（二）设计课程内容

根据课程目标，设计课程内容，包括语言知识、语言技能、学习策略、文化意识等方面。在内容设计上，我们应注重知识的系统性和连贯性，确保学生能够在掌握基础知识的基础上，逐步提高语言能力和综合素质。

（三）选择教学方法

根据课程内容和学生的特点，选择合适的教学方法。我们可以采用任务型教学、情境教学、合作学习等多种教学方法，以激发学生的学习兴趣和积极性，提高他们的学习效果。

（四）制订评价方案

设计合理的评价方案，对学生的学习成果进行全面、客观、公正地评价。评价方案应包括形成性评价和终结性评价两种方式，以了解学生的学习过程和成果，为他们提供及时的反馈和指导。

三、英语校本课程开发的策略

（一）团队协作

在英语课程开发过程中，我们应注重团队协作，发挥每个人的专长和优势。通过团队合作，我们可以集思广益，共同解决课程开发中的问题和难题。

（二）资源整合

充分利用各种教学资源，如教材、教具、网络资源等，为课程设计提供丰富的素材和支持。同时，我们还应注重资源的整合和优化，确保课程资源的有效利用和高效运作。

（三）持续改进

在课程开发过程中，我们应注重持续改进，不断优化课程设计和教学方法。通过反思和总结教学实践中的经验与教训，我们可以不断提高课程设计的质量和水平，为学生的英语学习提供更好的支持和保障。

英语校本课程设计与开发是一项复杂而重要的工作，需要我们深入了解学生的需求和社会的发展趋势，注重课程的实用性和层次性，以及学生的综合语言运用能力的培养。通过团队协作、资源整合和持续改进等策略，我们可以不断提高英语校本课程设计与开发的质量和水平，为学生的英语学习提供更好的支持和保障。

四、特色课程的构思与创建

2021年，学校组织教师开展英语整本书阅读校本课，并开发了校本课程《愤怒的葡萄》。以下具体讲述校本课程《愤怒的葡萄》的构思与创建。

（一）课程目标

（1）引导学生深入理解小说的主题、人物形象、社会背景以及文学价值。

（2）培养学生的批判性思维和文学鉴赏能力。

（3）提高学生的阅读理解、写作和口语表达能力。

（二）课程内容

1. 小说背景介绍

讲解20世纪30年代美国经济大萧条的历史背景；介绍当时的社会状况、农民的困境以及移民潮。

2. 人物分析

深入探讨主要人物的性格特点、动机和发展；组织学生进行人物角色扮演活动，加深对人物的理解。

3. 主题探讨

分析小说中的贫困、剥削、希望与抗争等主题；引导学生思考这些主题在当今社会的相关性。

4. 文学技巧分析

研究作者的写作风格、象征手法、叙事结构等；让学生模仿某些写作技巧进行创作练习。

5. 比较与拓展

将《愤怒的葡萄》与其他反映社会现实的文学作品进行比较分析；探讨不同作品中对类似问题的处理方式和表达效果。

（三）课程实施

1. 阅读指导

制订阅读计划，分章节进行阅读并布置相关问题；组织阅读小组，鼓励学生在小组内交流阅读心得。

2. 课堂讨论

每周安排课堂讨论时间，针对重点章节和关键问题进行讨论；引导学生发表观点，鼓励辩论和思维碰撞。

3. 写作任务

要求学生撰写读书笔记、人物分析、主题研究等文章；组织写作分享会，互相评价和学习。

4. 多媒体辅助

播放与小说相关的电影片段、纪录片等，增强学生的感性认识；展示相关的图片、图表等资料，帮助学生理解背景信息。

（四）课程评价

1. 阅读测试

定期进行阅读理解测验，考查学生对小说情节、人物和主题的理解。

2. 写作评估

对学生的写作任务进行细致评估，关注观点的深度、逻辑的清晰度和语言的表达。

3. 课堂表现评价

观察学生在课堂讨论、小组活动中的参与度和表现。

4. 项目成果评价

对学生的小组项目、研究报告等成果进行评价。

（五）课程资源

1. 图书资源

准备多本《愤怒的葡萄》原著，供学生借阅；推荐相关的研究书籍和评论文章。

2. 电子资源

提供在线阅读链接、学术数据库访问权限；利用在线学习平台发布课程资料和作业。

3. 影视资源

收集相关的电影、纪录片等视频资源。

五、课程资源的整合与利用

在教育领域，英语课程资源作为教学的基石，对于提高学生的英语水平起着至关重要的作用。作为一名从事英语教育工作多年的教师，我深感英语课程资源的整合与利用对于提高教学效果、促进学生全面发展具有重要意义。本文将从英语课程资源的重要性、整合与利用的方法、实践案例及效果分析等方面进行探讨，旨在为教师提供一些有益的思路和方法。

（一）英语课程资源的重要性

1. 拓宽学生的知识面

英语课程资源涵盖了教材、教辅材料、多媒体素材、网络资源等，这些都能够为学生供应丰富多元且形式多样的学习材料。通过对这些资源的有效整合，教师能够助力学生进一步拓展知识面，使学生得以知晓更多的文化背景，熟悉英语国家的生活方式。在此基础上，教师应当根据教学目标和学生的实际需求，有针对性地筛选和优化课程资源。同时，鼓励学生积极参与资源的整合过程，培养他们的信息筛选和处理能力，并且利用多样化的教学方法和手段，如创设情境、小组讨论等，将整合后的资源生动地呈现给学生，激发他们的学习热情和主动性，提高学习效果。

2. 激发学生的学习兴趣

有趣的英语课程资源能够激发学生的学习兴趣，使他们更加积极主动地投入英语学习中。例如，通过引入英文歌曲、电影片段、动画等多媒体素材，可以让学生在轻松愉快的氛围中学习英语。此外，教师还可以利用这些素材组织各类有趣的活动，如歌曲演唱比赛、电影配音模仿秀、动画情节讨论等，进一步增强学生的参与感和体验感。同时，引导学生对这些素材中的语言表达、文化元素进行分析和总结，加深他们对英语知识的理解和记忆，提升学习效果。

3. 提高教学质量

有效的英语课程资源整合能够丰富教学内容，使教学更加生动有趣。同时，通过利用这些资源，教师可以更好地引导学生参与课堂活动，提高教学效果。除此之外，资源的整合还有助于教师根据学生的个体差异和学习需求，灵活调整教学策略，并且能够为学生创造更具吸引力和启发性的学习情境，激发学生的学习热情和积极性，培养他们的自主学习能力和创新思维，从多方面促进教学质量的显著提升。

（二）英语课程资源的整合与利用方法

1. 建立资源数据库

为了更好地管理和利用英语课程资源，教师可以建立一个资源数据库，将各类英语课程资源进行分类整理，并标注好资源的来源、内容、适用年级等信息。这样，在备课过程中，教师可以方便地查找和使用这些资源。不仅如此，教师还可以定期对数据库中的资源进行更新和补充，确保资源的时效性和实用性，并且可以设置资源评价和反馈机制，根据教学实践中的效果和学生的反馈，对资源进行优化和调整。另外，也可以与其他教师共享数据库，促进资源的交流与共享，共同提升教学质量。

2. 结合课程目标选择合适的资源

在对英语课程资源进行选择时，教师应当紧密结合课程目标来加以筛选。务必保证所选的资源能够助力学生达成课程目标，并且与学生的年龄特点以及认知水平相契合。此外，教师还需考虑资源的难易程度是否适中，能否激发学生的学习兴趣和积极性。不仅如此，还要对资源的权威性和可靠性进行评估，确保为学生提供准确、优质的学习内容，并且要根据教学实际情况和学生的反馈，及时调整和优化所选择的课程资源。

3. 创造性地利用资源

在利用英语课程资源时，教师应充分发挥创造力，将资源与学生的实际生活相结合，设计出生动有趣的教学活动。例如，通过角色扮演、情景模拟等方式，让学生在实践中学习英语。另外，教师还可以鼓励学生参与教学活动的设计，发挥学生的想象力和创造力，并且在活动结束后，组织学生进行反思和总结，分享在实践中学习英语的心得体会，进一步提升教学效果。此外，教师要不断学习和借鉴先进的教学理念与方法，持续提升自己创造性利用资源的能力和水平。

4. 引导学生自主学习

除了在课堂上利用英语课程资源外，教师还可以引导学生自主学习。通过推荐一些优秀的英语学习网站、APP等资源，让学生在课后进行自主学习和拓展。不仅如此，教师可以为学生制订个性化的自主学习计划，明确学习目标和任务，还可以定期与学生交流自主学习的情况，给予针对性地指导和建议，帮助学生养成良好的自主学习习惯，提高自主学习能力。

（三）教学效果分析

1. 多媒体资源整合教学

在教授英语课文时，我会对多媒体素材加以整合利用。我会借助英文歌曲、电影片段之类的资源，使学生在欣赏的同时学习英语。比如，播放节奏感强的英文歌曲，让学生感受语言的韵律；选取精彩的英语电影片段，激发学生的学习兴趣。此外，我还设计了一些与这些资源相关的课堂活动，如歌曲填词、电影配音等，促使学生积极参与实践，从而有效提高他们的英语口语和听力能力，让英语学习变得更加生动有趣且富有成效。

2. 网络资源辅助教学

在备课过程中，我积极利用网络资源进行辅助教学。我通过搜索引擎查找与课程内容相关的英文文章、图片等资源，并将其整合到课件中。在课堂上，我会引导学生阅读这些资源，并进行讨论和交流。通过这种方式，学生不仅能够了解更多的英语文化背景知识，还能够提高阅读理解和写作能力。

（四）结论

英语课程资源的整合与利用对于提高教学效果、促进学生全面发展具有重要意义。教师们应充分认识到英语课程资源的重要性，积极探索整合与利用英语课程资源的方法。通过建立资源数据库、结合课程目标选择合适的资源、创造性地利用资源和引导学生自主学习等方式，我们可以更好地利用英语课程资源，提高教学效果和学生的学习兴趣。同时，我们还应关注实践案例和效果分析，不断总结经验教训，为今后的教学工作提供有益的借鉴和参考。

个人教育事业的规划与愿景

作为一名教师，我深知教育的重要性和使命感。在这个快速发展的时代，我希望通过自己的努力和智慧，为教育事业贡献自己的力量，为学生的成长和发展创造更好的条件。

一、教育理念与定位

（一）教育理念

我坚信"做有生长力和幸福感的教育"的教育理念。每个学生都是独一无二的个体，拥有自己独特的潜力和价值，都具有不断成长的潜能。我的教育目标是发掘和培养学生的潜力，帮助他们全面发展，成为具有创新精神和实践能力的人才。

（二）教育定位

我的教育定位是"专业、创新、实践"。我将致力于提高自己的专业素养和教学水平，注重教学方法的创新和实践，努力为学生提供优质的教育资源和服务。

二、教育教学与课程创新

（一）教学方法创新

我将积极探索和实践多种教学方法，如案例教学、问题导向学习、合作学习等，以激发学生的学习兴趣和积极性。同时，我将注重培养学生的自主学习能力和创新精神，鼓励他们敢于尝试、勇于探索。

（二）课程创新

我将结合学生的需求和兴趣，开发具有地方特色的校本课程，如科技创新、艺术素养、人文素养等。通过丰富多样的课程内容，培养学生的综合素质和跨学科能力。

（三）教育技术应用

我将充分利用现代教育技术，如多媒体、互联网、人工智能等，提高教学效果和学生的学习体验。我将关注教育技术的最新发展，积极将其应用于课堂教学中，为学生提供更加丰富、生动的学习资源。

三、教育管理与团队建设

（一）教育管理

我将注重教育管理的科学性和规范性，建立完善的教育教学管理制度和评估体系。我将关注学生的学习情况和心理变化，及时与家长和学生沟通交流，共同促进学生的成长和发展。

（二）团队建设

作为省市名师工作室主持人、学校教科研的引领者，我将积极搭建教师交流和合作的平台，加强教师之间的沟通和协作。我将鼓励教师参加各种学术交流和研修活动，不断提高自己的专业素养和教学水平。同时，我将注重培养年轻教师，帮助他们快速成长，为教育事业注入新的活力。

四、教育实践与社区服务

（一）教育实践

我将注重将教育教学理论与实践相结合，积极组织学生参加各种社会实践活动和科研项目。通过实践活动，培养学生的实践能力和创新精神，让他们在实践中学习和成长。

（二）社区服务

我将积极参与社区服务和志愿者活动，为社会做出自己的贡献。我将关注学生的家庭教育和社会教育，积极与家长和社会各界人士沟通交流，共同为学生的成长和发展创造良好的环境。

五、个人成长与发展

（一）专业素养提升

我将不断学习和研究新的教育理念与教学方法，提高自己的专业素养和教学水平。我将关注教育领域的最新动态和研究成果，不断更新自己的知识储备和教学理念。

（二）教学反思与总结

我将注重教学反思和总结，及时总结自己的教学经验和教训，不断调整和优化自己的教学策略与方法。我将关注学生的反馈和评价，不断改进自己的教学方式和教学效果。

（三）自我管理与情绪调节

我将注重自我管理和情绪调节，保持良好的心态和积极的工作状态。我将合理安排工作和生活时间，保持充足的睡眠和健康的饮食习惯，以充沛的精力投入教育工作中。

总之，我将以"专业、创新、实践"为教育定位，不断提高自己的专业素养和教学水平，为学生的成长和发展创造更好的条件。我所期待的教育人生，有史诗般的胶片画面感，希望将来成为白发老太时，翻开一封信、一张照片，那些与教育相关的回忆如电影画面徐徐展开，将自己温暖可忆的师生故事写进教育的芳华。

第二章

在日常工作中收获
教育的成长

参与学校的教育改革与发展

作为教育工作者，我们身处一个日新月异的时代。教育改革与发展已成为推动学校进步、培养优秀人才的重要动力。作为新时代的人民教师，我深感自己肩负的责任与使命，我们需要时刻保持对教育的热爱和执着追求，不断更新教育观念、勇于实践创新、积极参与教育研究、发挥示范引领作用。只有这样，我们才能共同推动学校的教育改革与发展事业不断前进！

一、对学校教育政策的建议与推动

作为学校的教研主任，我深感学校教育政策的重要性。它不仅关乎着学校的长期发展，更直接影响着每一位学生的成长。

（一）当前教育政策面临的挑战

1. 教育资源分配不均

当前，教育资源的分配不均已成为制约学校发展的瓶颈。优质教育资源往往集中在少数名校，而普通学校则面临师资、设备等方面的严重短缺。这种不均衡不仅影响了学生的教育机会，也加剧了社会的不公平现象。

2. 课程内容与时代发展脱节

随着科技的迅猛发展，社会对人才的需求也在不断变化。然而，当前的课程内容往往滞后于时代的发展，无法满足社会对人才的需求。这导致学生在毕业后难以适应社会的需要，从而影响了他们的就业和发展。

3. 教育评价体系单一

当前的教育评价体系过于单一，过分注重学生的考试成绩和升学率。这种评价体系忽视了学生的个体差异和多元发展，导致学生在追求高分的过程中失去了学习的兴趣和动力。同时，这种评价体系也加剧了教育的应试化倾向，影响了学生的全面发展。

（二）对学校教育政策的建议

1. 优化教育资源分配

为了促进教育公平和提高教育质量，我们需要优化教育资源的分配。具体而言，可以通过加大对普通学校的投入，提高教师待遇和工作环境，改善教学设施等方式，缩小校际的差距。同时，我们还可以建立教育资源共享机制，促进校际的交流和合作。

2. 更新课程内容与教学方法

为了使学生更好地适应时代的发展，我们需要不断更新课程内容和教学方法。具体而言，可以引入新的课程领域和知识点，加强对学生创新能力和实践能力的培养；同时，我们还需要关注学生的个性差异和多元发展，采取多样化的教学方法和手段，激发学生的学习兴趣和动力。

3. 建立多元化的教育评价体系

为了促进学生的全面发展，我们需要建立多元化的教育评价体系。具体而言，可以引入多元评价标准和评价工具，综合考虑学生的学业成绩、综合素质和个性特点等方面；同时，我们还需要加强对学生的过程性评价和反馈性评价，帮助学生更好地认识自己的优点和不足，从而制订更加个性化的学习计划和发展规划。

（三）推动学校教育政策的措施

1. 加强政策宣传与解读

为了使教师更好地理解和支持学校教育政策，我们需要加强政策宣传与解读工作。具体而言，可以通过组织专题讲座、发放宣传资料、开展座谈会等方式，向教师详细解读政策的背景、目的、内容和意义等方面；同时，我们还需要积极回应教师的疑虑和关切，增强他们对政策的信任和支持。

2. 建立健全的沟通机制

为了促进教师之间的交流和合作，我们需要建立健全的沟通机制。具体而言，可以建立教师交流群、定期开展教学研讨会、组织教师互访等，为教师提供交流和学习的平台；同时，我们还需要鼓励教师积极参与学校决策和管理过程，提高他们的责任感和归属感。

3. 落实政策支持与激励措施

为了激发教师的工作积极性和创造力，我们需要落实政策支持与激励措施。具体而言，可以加大对优秀教师的表彰和奖励力度，提高教师的职业荣誉感和社会地位；同时，我们还需要为教师提供更多的专业发展机会和资源支持，帮助他们不断提升自己的教育教学能力和水平。

学校教育政策的建议与推动是一项长期而艰巨的任务。我们需要不断地探索和实践，不断地完善和优化政策体系与工作机制。

二、在学校管理中的角色与贡献

工作至今，我先后担任过学校团委书记、教务处主任、德育处主任、年级主任以及教研处主任。为了干好这些工作，除了自学学校管理理论外，我还经常向有经验的老领导讨教。我坚持制度管理和情感管理相结合，服从领导安排，团结广大教师，制定完善了教学常规管理制度，并带头执行遵守。

2000—2022年，我担任中方县铜鼎中学校团委书记。任职期间，我以高度的责任感和使命感，全身心投入学校共青团工作，用热情与智慧书写了青春华章。首先，坚定信念，引领思想旗帜。我始终将思想政治教育摆在首位，通过组织主题团日、团课讲座等活动，深入学习贯彻习近平新时代中国特色社会主义思想，引领广大团员青年坚定理想信念，听党话、跟党走。我运用生动的事例和深入浅出地讲解，让理论学习变得富有吸引力，使团员青年在思想上得到洗礼和升华。其次，创新实践，丰富校园文化。为了丰富学生们的课余生活，我积极策划并组织了一系列丰富多彩的校园文化活动。如校园文化艺术节、辩论大赛、校园之声、社团风采展示等。这些活动不仅为学生们提供了展示自我的平台，也培养了他们的团队合作精神和创新能力。在活动策划中，我注重结合学校特色和学生需求，不断创新形式和内容，使活动更具针对性和实效性。在我的倡导下，学校成立了多个志愿者服务团队，积极参与校内外的志愿服务活动，走进社区关爱孤寡老人、为贫困地区儿童捐赠书籍、参与环保公益行动等。通过这些活动，培养了学生的社会责任感和奉献精神，让爱心在校园内外传递。作为团委书记，我注重加强团组织自身建设，完善了团组织的各项规章制度，规范了工作流程。同时，我还积极组织团干部培训和交流活动，提高团干部的业务水平和工作积极性，打造了一支富有凝聚力和战斗力的团干部队伍。在我的努力下，学校团委工作取得了显著成绩，得到了学校师生的广泛赞誉和上级团组织的充分肯定。

2007—2009年，我担任中方县第一中学教务处主任。在我任职的两年时间里，学校教风好、学风浓，教学成绩逐年提高。我深知常规工作是教学工作稳步推进的"必修"课程，所以教务处始终保持常规工作的"本色"，保证常规工作的规范化；我深知教育教学质量的提高需要每一位教师兢兢业业、一丝不苟的精神，所以只要发现教师在教学工作中出现了问题，便及时找其谈话，寻找原因，用情感管理教师。由于工作扎实，学校教育教学工作上了一个新台阶，2008年，学校被评为"湖南省高考组考工作无差错单位"，学校的高考升学率也逐年上升。

2009—2012年，我担任中方县第一中学德育处主任。我总是坚持正面教育，树立先进，鞭策后进，经常开展励志感恩、学习雷锋、厉行节约、演讲比赛等系列教育活动，使活动成为展现学生风采的平台，培养学生的爱心、自信心、责任心。我积极参与学校管理，敢于迎接各种挑战，创造性地开展工作，协助学校制定班级管理办法，用制度指导班级管理工作。自从制定班级管理办法并实施后，表现最突出的就是学生的行为更加规范，教育教学秩序普遍向积极方面发展，违规违纪现象大幅减少。

2012—2015年，我担任中方县第一中学2012届年级主任。在年级组管理中，我深知团结协作的重要性，我坚持以制度管理和以感情管理相结合，积极组织年级组教师开展定期的教研活动，促进教师之间的经验交流与分享，通过共同探讨教学方法、研究学生特点，不断提升整个年级组的教学水平；我积极倾听教师的意见和建议，充分发挥教师的优势，合理分配教学任务，使整个团队形成了互帮互助、积极向上的良好氛围。我始终把教学质量放在首位，建立了完善的教学质量监控体系，定期组织教学检查和评估，及时发现和解决教学中存在的问题。同时，我还积极推动教学改革，鼓励教师创新教学方法，运用现代教育技术，提高课堂教学的效率和趣味性。在我的精心管理下，年级组成为一个团结奋进、充满活力的集体，为学校的发展做出了重要贡献，2015年高考也取得了历史性的突破。

2019年至今，我担任怀化市湖天中学教研处主任。教研主任是学校教学改革的推动者和引领者。我深知教学改革的必要性和紧迫性，因此一直致力于组织教师开展教学研究和改革实践。第一，重视制度建设，精细常规管理，落实常规工作。落实学校校本课、青蓝工程、教研组、备课组、各项培训、教科研奖励等计划方案。切实改变课堂结构，开展好"五课"活动，即学科带头人示范课、骨干教师研讨课、优秀教师展示课、青蓝工程汇报课、新进教师公开课。坚持听评课制度。为了检验教师的教学方法、能力水平，学校组织推门听课、竞赛听评课活动，同时加强教学研讨，查找不足，总结经验，寻找有本校特色的教学途径。切实落实"五为"教学思想：以落实立德树人为根本（正确价值观念塑造，必备品格养成，关键能力培养）；以核心素养落地为目标（落实基础知识，掌握基本技能，学会基本方法，形成学科思维，领悟学科思想）；以情境问题导向为切入点（互动式、启发式、探究式、体验式教学，课题研究、项目设计、研究性学习，验证性实验、探究性实验）；以师生双主体性为原则（师生互动型课堂，学生主体的自主、全面、整体发展，教师主体的自觉、专业、学术性成长）；以多种媒体融合为路径（信息技术与学科教学融合创新应用，相关教学APP的应用，智慧课堂的实验，智慧校园的建设，（网络）名师工作室的引领，参加集体备课大赛、信息技术2.0的测评，微课的实施）。第二，加强网络教研，实现资源共享。教研处要求教研组、备课组建立QQ群或者微信群，通过网络随时共享各种优秀资源，并进行教研教学探讨。第三，开展主题教研活动，提高教师业务能力，学科组除常规教研活动外，还开展"六新"（新课程、新教材、新课堂、新课标、新高考、新评价）系列教研活动，如读书分享、微讲座等教研活动，每个月定期开展教学教研工作推进会，总结上个月的教学教研工作，安排下个月的教学教研工作，各部门加强沟通联系，促进高效优质教学教研活动的开展。第四，优化校本课程，进行学科拓展和能力素养的培养。学校校本课程开发以提升学生素质为出发点，以满足学生个性发展和全面发展的需要，为学生的终身发展奠定基础。"玩数学游戏，训练数学思维""舌尖上的化学""'幸福课'——积极心理学"等课程深受学生喜爱。学生的解题能力、动手能力、学科核心素养得到显著提升。第五，聚焦多元化研修方式，提升教师核心能力。教师是学校教学工作的主体，提升教师的专业素养是教研主任的重要职责。我注重教师的专业发展，通过组织各种形式的培训、研讨和交流活动，为教师提供学习和成长的机会。

三、如何参与教育改革与发展

（一）更新教育观念

作为新时代的教师，我们需要不断更新教育观念，关注教育前沿动态，了解教育政策方向。只有这样，我们才能紧跟时代步伐，为学生的成长提供有力支持。我定期参加教育领域的高端论坛和学术研讨会，与教育专家和同行进行深入交流，及时获取最新的教育理念和方法，并将其融入日常教学中。

（二）勇于实践创新

在教育改革与发展过程中，我们需要勇于实践创新，敢于尝试新的教学方法和手段。通过不断实践，我们可以总结出更加适合学生的教育教学模式，提升教育教学效果。例如，在课堂上，我引入项目式学习、探究式学习等新型教学方式，激发学生的学习兴趣和主动性，培养他们的创新能力和实践能力。

（三）积极参与教育研究

在信息迅速变化的新时代，我积极参与教育研究，关注教育教学中的热点和难点。通过深入研究，对于学校的教育教学，我提出了切实可行的解决方案，为教育改革与发展提供有力支持。比如，针对学生的学习心理、学习习惯等方面展开专项研究，为制定更科学合理的教学策略提供依据。

（四）发挥示范引领作用

利用湖南省张欢英名师工作室以及怀化市高中英语张欢英名师工作室平台，充分发挥示范辐射引领作用，将自己的教育教学经验和成果分享给其他教师，共同提高教育教学水平，推动学校整体教育质量的提升。例如，工作室开展示范课、同课异构等活动，邀请其他教师观摩学习，并在课后进行深入的研讨和交流，促进教师团队的共同成长。

四、深化教育改革与发展的建议

（一）加强教师队伍建设

教师是教育改革与发展的关键因素。我们应该加强教师队伍建设，提高教师素质和能力水平。通过培训、交流等方式，让教师不断学习和进步，为教育改革与发展提供有力的人才保障。例如，学校可以为教师提供个性化的培训方案，根据教师的专业背景和发展需求，有针对性地提升他们的教学技能和专业知识；还可以组织教师到教育先进地区参观学习，借鉴优秀的教育经验和教学方法。

（二）优化课程设置

课程设置是学校教育教学的核心。我们应该根据时代发展和学生需求，不断优化课程设置。通过引入新的学科领域和课程内容，拓宽学生的知识视野，培养他们的综合素质和能力。比如，我们可以增加跨学科课程，培养学生的综合思维能力；开设选修课程，满足学生的个性化发展需求；同时，加强课程内容与实际生活的联系，提高学生的知识应用能力。

（三）推进教育信息化

教育信息化是教育改革与发展的重要方向。我们应该积极推进教育信息化进程，利用现代科技手段提高教育教学效率和质量。通过建设数字化校园、开发在线课程资源等方式，为学生提供更加便捷、高效的学习体验。例如，我们可以利用大数据分析学生的学习情况，为教师的教学提供精准的指导；运用虚拟现实技术创设沉浸式的学习环境，增强学习的趣味性和吸引力；还可以借助智能教学平台，实现个性化的学习辅导。

（四）加强家校合作

家校合作是学校教育教学的重要补充。我们应该加强家校合作，建立良好的家校沟通机制。通过定期召开家长会、开展家校共建活动等方式，让家长更加了解学校的教育教学情况，共同为孩子的成长助力。比如，我们可以建立家校互动平台，方便家长随时与教师沟通孩子的学习和生活情况；邀请家长参与学校的教育教学活动，如听课、监考等，增进家长对学校工作的理解和支持；还可以组织家长培训，提升家长的教育理念和教育方法，形成家校教育的合力。

总之，教育改革与发展是一项长期而艰巨的任务。作为教育工作者，我们需要时刻保持对教育的热爱和执着追求，不断更新教育观念、勇于实践创新、积极参与教育研究、发挥示范引领作用。

与同事的协作与互助

在当今的教育环境中，团队合作与交流，是提升教学质量的关键，已成为提升教学质量不可或缺的一部分。作为教育工作者，我们深知，仅凭个人的力量难以应对日益复杂的教育挑战。在教育这条漫长的道路上，我们每一位教师都是彼此的同行者。面对教育的新挑战和机遇，我们更需要与同事建立紧密的协作和互助关系。

一、与同事协作与互助的重要性

（一）共享教育资源

在教育中，我们拥有丰富的教学资源，如教材、教案、课件等。通过与同事协作，我们可以共享这些资源，这不仅能有效减轻个人的备课压力，还能够显著提高工作效率。与此同时，在共享资源的过程中，我们能够互相学习、借鉴彼此的长处和优点，从而共同促进教学水平的提升。比如，我们可以定期组织资源分享会，每位教师都有机会展示自己精心准备的优质资源，并分享其在教学中的应用心得和效果。

（二）解决教学难题

在教学过程中，我们难免会遇到各种难题。与同事进行交流和讨论，可以帮助我们找到解决问题的新思路和方法。此外，我们还可以共同研究教学策略，针对学生的不同特点制订个性化的教学方案。例如，针对学生在某个知识点上的普遍困惑，我们可以集思广益，设计出更具针对性的教学活动或练习方式。

（三）营造良好氛围

良好的工作氛围对于教师的成长至关重要。与同事建立良好的协作与互助关系，可以让我们在工作中感受到更多的支持和帮助，从而激发我们的工作热情和创造力。同时，良好的氛围还有助于减少工作中的摩擦和冲突，提高工作效率。例如，我们可以通过举办团队建设活动，增强同事之间的了解与信任，营造温馨和谐的工作环境。而且，在面对工作压力时，同事之间的相互鼓励和安慰也能帮助我们更好地调整心态，以更积极的态度投入教学工作中。

二、如何在实际工作中实现与同事的协作与互助

（一）加强沟通与交流

沟通是协作与互助的基础。我们应该积极与同事保持联系，了解彼此的教学情况、需求和困惑。在交流中，我们要尊重彼此的意见和观点，保持开放的心态，勇于接受批评和建议。比如，我们可以定期组织面对面的交流会议，或者利用教师群随时分享工作中的点滴思考和心得。

（二）建立互助小组

我们可以根据教学科目、年级等因素，与同事建立互助小组。在小组内，我们可以共同备课、研究教学策略、分享教学资源等。通过小组活动，我们可以更好地了解彼此的优势和不足，实现优势互补。例如，我们可以为每个小组设定明确的目标和任务，定期进行总结和反思，不断优化小组的协作方式和效率。

（三）参加教研活动

教研活动是教师之间进行协作与互助的重要途径。我们应该积极参加各种教研活动，如听课评课、教育研讨、教学竞赛等。在活动中，我们可

以观摩优秀教师的教学风采，学习他们的教学方法和技巧；也可以与同事交流心得体会，共同探讨教育问题。

（四）提供帮助与支持

在与同事的协作与互助中，我们应该主动提供帮助和支持。当同事遇到困难时，我们要尽自己所能提供帮助；当同事取得进步时，我们要给予肯定和鼓励。通过相互支持和帮助，我们可以共同成长、共同进步。

三、共同备课与教研活动的意义和实践

在教育领域中，共同备课与教研活动一直是提升教师教学水平、优化教学质量的重要手段。作为一名教师，我深切体会到这一活动对于教师专业发展的重要性。

（一）共同备课与教研活动的意义

1. 促进教师间的交流与合作

共同备课与教研活动是教师间交流与合作的重要平台。在备课过程中，教师们可以互相借鉴、互相学习，共同探讨教学方法和策略。这种交流有助于拓展教师的教学思路，丰富教学手段，提高教学效果。例如，教师可以分享各自在教学实践中积累的成功经验和失败教训，通过案例分析的方式互相启发，共同成长。

2. 提高教师的教学水平

通过共同备课与教研活动，教师可以不断学习和掌握新的教学理念、方法和手段。这些新的教学理念、方法和手段可以帮助教师更好地应对教学挑战，提高教学水平。同时，这种学习也有助于教师不断形成自己的教学风格，具备独特的教学魅力。比如，教师们可以共同研究最新的教育政策和教育趋势，将其融入日常教学中，使教学工作与时俱进。

3. 优化教学质量

共同备课与教研活动有助于提高教学质量。在备课过程中，教师会针

对教学内容进行深入研讨和探讨，找出教学中的重点和难点，并制订相应的解决方案。这种研讨有助于确保教学内容的准确性和针对性，提高学生的学习效果。例如，教师们可以通过集体的智慧，设计出更具趣味性和启发性的教学活动，激发学生的学习兴趣和主动性。

（二）共同备课与教研活动的实践

1. 明确备课目标和任务

在进行共同备课与教研活动时，首先要明确备课目标和任务。这包括确定教学内容、教学目标、教学方法和教学手段等。只有明确了备课目标和任务，才能有针对性地进行备课和研讨。

2. 充分准备备课材料

备课材料是备课的基础。在进行共同备课与教研活动时，教师需要充分准备备课材料，包括教材、教辅资料、课件、教学视频等。这些材料可以帮助教师更好地了解教学内容和教学要求，为备课提供有力支持。

3. 开展深入的研讨和交流

在共同备课与教研活动中，教师需要开展深入的研讨和交流。这包括针对教学内容、教学方法、教学手段等方面的探讨和讨论。通过研讨和交流，教师们可以互相学习、互相借鉴，共同提高教学水平。

4. 制订教学计划和方案

在备课过程中，教师需要制订详细的教学计划和方案。这包括确定教学进度、安排教学内容、设计教学活动等。制订教学计划和方案有助于确保教学的有序进行，提高教学效果。

5. 实施和反思教学过程

在教学过程中，教师需要密切关注学生的学习情况，并根据学生的反馈及时调整教学方法和策略。同时，教师还需要对教学过程进行反思和总结，找出教学中的不足之处，并提出改进措施。这种反思和总结有助于教师不断完善教学过程，提高教学质量。

共同备课与教研活动是教师专业发展的重要途径。通过参与这一活动，教师可以不断学习和掌握新的教学理念、方法和手段，提高教学水平。同时，这种活动也有助于促进教师间的交流与合作，优化教学质量。因此，我们应该积极参与共同备课与教研活动，不断提升自己的教学能力和水平。

四、总结与展望

与同事的协作与互助是教师成长的重要途径。通过加强沟通与交流、建立互助小组、参加教研活动以及提供帮助与支持等方式，我们可以与同事建立良好的协作与互助关系。

理解和关爱学生

　　理解和关爱学生是教育中至关重要的一环。理解学生意味着能够站在他们的角度去看待世界，感受他们的喜怒哀乐。每个学生都来自不同的家庭背景，有着独特的性格和经历。比如，一个在课堂上总是沉默寡言的学生，可能是因为在家中缺乏表达自己的机会；一个成绩不佳但努力的学生，或许正面临着学习方法不对的困扰。关爱学生，则是要给予他们温暖和支持。当学生遇到困难时，一个鼓励的眼神、一句贴心的问候，都能让他们感受到老师的关心；当学生生病时，老师的探望和关心能让他们更快地恢复健康，同时也能增强他们对老师的信任和依赖。理解和关爱学生还体现在尊重他们的个性和兴趣爱好上。有的学生擅长艺术，有的学生擅长体育，老师应该鼓励他们发展特长，而不是一概而论地以成绩来衡量他们的价值。因此，老师要学会倾听学生的心声，并积极地帮助学生解决问题与困惑。

一、倾听学生的心声

　　在日常教学中，老师要耐心倾听学生的想法和心声，不轻易批评和指责。多与学生交流，了解他们的内心世界，建立起良好的师生关系。作为教师，我们每天都在与学生交流，但有时候，我们是否真的能够听到他们的心声呢？在这篇文章中，我将分享一些个人的经验和思考，希望能够帮助大家更好地聆听学生的心声，从而更好地引导他们成长。

（一）放下身段，真心聆听

倾听学生的心声，首先要放下身段，真心聆听。我们不仅是学生的老师，更是他们的朋友和引路人。我们要耐心听取学生的意见和建议，不要轻易打断他们的话语，也不要随意评价他们的想法。只有当我们真正用心聆听时，才能够深入了解学生的内心世界，从而更好地指导他们。

（二）尊重差异，理解个性

每个学生都是独一无二的个体，他们有着不同的性格、兴趣、爱好和特长。在倾听学生的心声时，我们要尊重他们的差异，理解他们的个性。不要试图将学生塑造成我们心目中的理想形象，而是要尊重他们的选择，鼓励他们发挥特长和优势。只有这样，我们才能够真正走进学生的内心，与他们建立深厚的师生情谊。

（三）关注情感，传递温暖

学生在成长过程中会遇到各种问题和困惑，他们需要我们的关心和支持。在倾听学生的心声时，我们要关注他们的情感需求，传递温暖和关爱。当他们遇到困难时，我们要给予鼓励和帮助；当他们取得进步时，我们要及时给予肯定和赞扬。这样，我们才能够让学生感受到我们的关爱和支持，从而更加努力地学习和成长。

（四）倾听反馈，持续改进

倾听学生的心声不仅是为了了解他们的内心世界，更是为了改进我们的教学方法和策略。在倾听学生的反馈时，我们要虚心接受他们的意见和建议，及时反思自己的不足之处，并寻求改进的方法。唯有如此，我们才能够不断提高自己的教学水平，为学生提供更好的教育服务。

（五）激发思考，引导探索

倾听学生的心声不仅是听他们说话，更是要激发他们的思考和探索欲望。在与学生交流时，我们要引导他们思考问题的本质和解决方法，鼓励他们勇于尝试和探索新的领域。当然，我们也要关注学生的兴趣爱好和特长发展，为他们提供更多的机会和资源，帮助他们实现梦想和目标。

倾听学生的心声是一项重要的教育任务，它需要我们放下身段、尊重差异、关注情感、倾听反馈、激发思考。只有这样，我们才能够真正走进学生的内心，了解他们的需求和困惑，为他们提供更好的教育服务。让我们一起努力，成为更好的教师，为学生的成长和发展贡献自己的力量！

二、解决学生的问题与困惑

在教育领域中，学生时常会面临各种问题与困惑。作为教师，我们的责任不仅是传授知识，更是引导学生找到解决问题的方法，培养他们的自主学习能力。我针对学生在学习中常见的问题与困惑，提出了一系列解决策略。

（一）学生常见问题与困惑

1. 学习方法不当

学生在学习中，常常因为方法不当而导致效率低下。他们可能缺乏计划性，无法合理安排时间；或者过于依赖死记硬背，忽视理解与应用。

2. 学科兴趣缺失

部分学生对某些学科缺乏兴趣，导致学习效果不佳。这可能是由于课程内容枯燥、教师教学方式单一或学生自身兴趣点不同等原因造成的。

3. 学习压力过大

随着学业负担的加重，部分学生承受着巨大的学习压力。这种压力不仅会影响学习效果，还可能对学生的身心健康造成负面影响。

4. 人际关系困扰

在校园生活中，学生还需要面对各种人际关系问题。如与同学、老师之间的相处之道，如何处理冲突，等等。

（二）解决策略分享

1. 引导学生掌握科学的学习方法

助力学生制订合理且周详的学习计划、明确清晰且切实的学习目标；为学生传授行之有效的记忆方法，如联想记忆、图像记忆等；鼓舞学生多进行思考、多付诸实践，将所学到的知识应用于现实生活之中。

2. 激发学生的学习兴趣

尝试采用多元化的教学手段，诸如充满趣味的游戏化教学、富有实践意义的项目式学习等；紧密结合学生的兴趣关注点，将课程内容与实际生活有机结合；给予学生正面积极的激励和充分的肯定，协助他们筑牢信仰之基。

3. 关注学生心理健康

实时关注学生的心理状况，帮助他们减轻繁重的学习压力；提供专业的心理咨询和有力的支持服务，引领学生学会勇敢面对并妥善处理负面情绪；大力鼓励学生参与丰富多彩的课外活动，极大地丰富他们的课余生活。

4. 培养学生的人际交往能力

给学生讲授基本的社交礼仪和实用的沟通技巧；引导学生诚挚地尊重他人、深切地理解他人；精心组织形式多样、内容丰富的集体活动，有力地促进学生之间的交流与协作。

总之，解决学生的问题与困惑是一个长期而复杂的过程。作为教师，我们需要不断关注学生的需求和发展，积极探索有效的解决策略。通过引导学生掌握科学的学习方法、激发学生的学习兴趣、关注学生心理健康以及培养学生的人际交往能力等方面的努力，我们可以帮助学生更好地应对学习中遇到的问题与困惑，助力他们成长为全面发展的优秀人才。同时，我们也需要不断提升自身的专业素养和教育能力，为学生提供更加优质的教育服务。

理解和关爱学生是教育成功的基石。只有让学生生活在充满理解和关爱的环境中，他们才能茁壮成长，成为有责任感、有爱心、有担当的人。

激励与引导学生成长

　　激励与引导学生成长是教育的核心任务之一。激励学生，是激发他们内在的动力和积极性。这可以通过多种方式实现，比如认可和赞扬学生的努力与成就。当学生在学习上取得进步时，哪怕只是小小的一步，也要给予及时的肯定，这能够增强他们的自信心，促使他们更加努力地追求更好的表现。例如，给学生颁发奖状、在全班面前表扬他们的优秀作品等。引导学生成长，则需要为他们指明方向，帮助他们发现自己的潜力和兴趣所在。教师可以通过提供丰富多样的学习机会和资源，让学生有更多的尝试和探索。比如组织各类社团活动、开展课外实践课程等。在激励与引导的过程中，还需注重培养学生的自主学习能力和解决问题的能力。当学生遇到挫折时，鼓励他们勇敢面对，引导他们分析问题、寻找解决方案，而不是直接给出答案，让他们养成依赖的习惯。同时，为学生树立良好的榜样也是关键。教师自身的积极态度、坚持不懈的精神以及正确的价值观，都会对学生产生深远的影响。总之，教师要帮助学生树立自信心、培养学生的自主学习能力并不断地挖掘学生的学习潜能，促进学生的全面发展和健康成长，使他们能够在未来的道路上自信、坚定地前行。

一、树立学生的自信心

　　作为教育工作者，我们深知自信心对于学生成长的重要性。一个自信的学生往往能更加积极地面对学习中的挑战，更愿意尝试新事物，从而取得更好的学习成果。

（一）自信心的内涵

自信心是指个体对自己能力和价值的积极认识与评价，表现为相信自己能够完成任务、解决问题和面对挑战。自信心不仅有助于个体在学术上取得进步，还有助于个体在社交、心理和情感等方面的发展。自信心可以激发学生的学习热情，提高他们的学习动力。同时，自信心还有助于学生建立积极的自我评价，增强自我效能感，从而更加坚定地追求自己的目标。此外，自信心还有助于学生形成健康的心理状态，增强抗挫能力。

（二）寻找学生自信心不足的原因

1. 家庭因素

家庭是学生成长的重要环境，家庭氛围、教育方式等都会对学生的自信心产生影响。家庭成员之间的关系是否和谐，家庭给予学生的支持和鼓励是否充分，等等，也会在一定程度上左右学生自信心的建立和发展。一个充满关爱、理解和尊重的家庭，往往能够培养出自信、乐观且积极向上的学生；而一个充斥着矛盾、冷漠或高压的家庭，则容易让学生产生自卑、怯懦等不良心理。

2. 学校因素

学校教育方式、师生关系等也会影响学生的自信心。教师对学生的评价方式是否公正客观、师生之间的交流互动是否充分且积极等，也会在不同程度上作用于学生自信心的树立。一种科学合理、注重全面发展且尊重个体差异的教育模式，通常能够助力学生树立起坚定的自信心；而一种片面、僵化且压抑个性的教育环境，则很可能使学生在心理上产生阴影，严重削弱其自信心。

3. 学生自身因素

学生的性格特点、自我认知等也会影响自信心。学生对自身优点和不足的认识是否准确、是否能够正确对待他人的评价等，也会在一定程度上影响其自信心的强弱。那些能够客观看待自己、积极悦纳自身的学生，通常更容易拥有充足的自信心；而那些总是自我否定、过度关注自身缺点的学生，则更容易陷入自信心不足的困境。

（三）帮学生树立自信心的策略

1. 营造积极的课堂氛围

教师应当努力营造积极向上、和谐融洽、包容开放的课堂氛围，使学生深切地感受到被尊重与支持。教师能够运用表扬、鼓励等手段激发学生的自信心。比如，当学生取得点滴进步时，及时给予肯定的话语；面对学生的尝试，不论结果如何都予以鼓励。通过这样的方式，学生更有勇气和动力，从而更加主动且乐意参与到课堂活动之中，使课堂充满活力与激情，促进学生的学习和成长。

2. 关注学生的个体差异

教师应当密切关注学生的个体差异，深入了解他们的兴趣爱好、特长以及潜能所在。教师要依据学生的这些特点来精心设计教学活动，为学生创造展示自身才华的契机，进而增强他们的自信心。比如，对于擅长绘画的学生，可以安排制作英语手抄报的活动；对于有表演天赋的学生，组织英语短剧表演。通过这些具有针对性的活动，学生充分发挥优势，感受成功，树立自信。

3. 引导学生正确评价自己

教师应该引导学生正确评价自己，让学生认识到自己的优点和不足。教师可以通过小组讨论、角色扮演等方式帮助学生认识自己，形成积极的自我认知。同时，教师还应该教育学生学会宽容和接纳自己的不足，从而更好地树立自信心。

4. 提供成功的体验

教师应该为学生提供成功的体验，让他们感受到自己的能力和价值。

教师可以通过设计具有挑战性的任务、组织竞赛等方式让学生展示自己的才能，从而获得成功的体验。这些成功的体验将有助于增强学生的自信心，激发他们的学习热情。

5. 加强家校合作

家庭是学生成长的重要环境，家校合作对于树立学生的自信心具有重要意义。教师应该与家长保持密切联系，了解学生在家庭中的表现和成长情况。同时，教师还可以向家长传授一些教育方法和技巧，帮助家长更好地支持孩子的学习和成长。通过家校合作，我们可以共同为学生营造积极、健康、支持性的成长环境，帮助他们树立自信心。

树立学生的自信心是教育工作者的重要任务之一。为了有效树立学生的自信心，我们需要了解自信心的内涵和作用，寻找学生自信心不足的原因，并采取有针对性的策略。通过营造积极的课堂氛围、关注学生的个体差异、引导学生正确评价自己、提供成功的体验以及加强家校合作等方式，我们可以帮助学生树立自信心，激发他们的学习热情，促进他们的全面发展。

二、培养学生的自主学习能力

作为教师，我们肩负着培养学生全面发展的重任。在这个信息爆炸的时代，自主学习能力已经成为学生不可或缺的核心素养。

（一）自主学习能力的重要性

自主学习能力是指学生在没有外部压力或监督的情况下，能够主动获取、分析、评价和应用知识的能力。这种能力对于学生的长远发展至关重要，它有助于学生适应不断变化的社会环境，提升个人竞争力。

1. 适应社会发展的需求

随着社会的发展，知识更新速度越来越快，传统的学习模式已经无法满足学生的需求。只有具备自主学习能力的学生，才能在不断变化的社会环境中迅速适应，抓住机遇。

2. 培养终身学习的习惯

自主学习能力是终身学习的基石。只有具备自主学习能力的学生，才能在未来的学习和工作中持续不断地提升自己，实现个人价值的最大化。此外，自主学习能力还能够培养学生独立思考、解决问题的能力，使他们在面对复杂多变的情况时，能够迅速做出准确的判断和有效应对。

3. 提升个人竞争力

在如今激烈的竞争环境中，具备自主学习能力的学生往往更易崭露头角。他们拥有更强的能力去迅速掌握新知识、新技能，进而能够更出色地应对形形色色的挑战。具备自主学习能力使他们能主动探索未知领域，不断更新知识储备，在面对新问题时能迅速调整自己，表现出出色的适应能力和解决问题的能力。

（二）创设自主学习环境

创设良好的自主学习环境是培养学生自主学习能力的基础。教师可以通过以下几个方面来创设自主学习环境。

1. 激发学生的学习兴趣

兴趣是最好的老师。教师可以通过设计有趣的教学内容、采用多样化的教学手段等方法，激发学生的学习兴趣，引导学生主动参与到学习中来。比如，教师可以利用多媒体资源展示生动的案例、讲述有趣的故事，或者创设充满趣味的教学情境，让学生在轻松愉悦的氛围中产生对学习的强烈渴望。

2. 提供丰富的学习资源

丰富的学习资源是学生自主学习的重要保障。教师可以通过图书馆、网络等渠道，为学生提供丰富的学习资源，帮助学生拓宽知识视野，提高学习效率。比如，教师可以利用多媒体资源展示生动的案例、讲述有趣的故事，或者创设充满趣味的教学情境，让学生在轻松愉悦的氛围中产生对学习的强烈渴望。

3. 鼓励学生参与课堂讨论

课堂讨论是培养学生自主学习能力的有效途径。教师可以通过提出问题、组织小组讨论等方式，鼓励学生积极参与课堂讨论，表达观点和想法，从而提高学生的思维能力和表达能力。另外，教师在学生讨论过程中要给予适当的引导和点评，让学生在交流中不断完善思考，深化对知识的理解。

（三）引导学生掌握自主学习方法

掌握自主学习方法是学生具备自主学习能力的关键。教师可以通过以下几个方面来引导学生掌握自主学习方法。

1. 培养学生制订学习计划的习惯

制订学习计划是自主学习的第一步。教师可以通过指导学生明确学习目标、分析学习任务、制订学习计划等方法，帮助学生养成良好的学习习惯。

2. 引导学生掌握有效的学习方法

有效的学习方法是提高学习效率的关键。教师可以通过讲解各种学习方法的优缺点、分享学习技巧等方法，引导学生掌握适合自己的学习方法，提高学习效率。

3. 培养学生的自我评价能力

自我评价能力是自主学习的重要组成部分。教师可以通过设计自我评价表格、引导学生总结学习经验等方法，帮助学生培养自我评价能力，让学生能够更好地认识自己的优点和不足，为今后的学习提供方向。

（四）关注学生的自主学习过程

关注学生的自主学习过程是培养学生自主学习能力的重要环节。教师可以通过以下几个方面来关注学生的自主学习过程。

1. 及时了解学生的学习情况

教师可以通过细致的课堂观察、认真的作业批改、深入地与学生交流等方式，及时且全面地了解学生的学习情况，精准发现学生在学习过程中所遭遇的问题和面临的困难，并给予及时且有效的指导与帮助。比如，教师可以建立学生学习档案，详细记录学生的学习表现和进步情况，以便更好地跟踪和分析学生的学习动态。

2. 鼓励学生互相学习和交流经验

学生之间的互相学习和交流乃是提升自主学习能力的重要渠道。教师可以通过精心组织学习小组、积极开展学习经验交流会等多样的方式，大力鼓励学生相互学习、交流经验，携手共同提高自主学习能力。例如，教师可以引导学习小组制订合作学习计划，明确分工和目标，促进小组成员之间的互助与协作。

3.给予学生充分的支持和鼓励

学生的自主学习是一个长期的过程，需要教师的充分支持和鼓励。教师可以通过表扬、鼓励、提供学习资源等方式，给予学生充分的支持和鼓励，让学生更加自信地面对学习中的挑战。此外，教师还可以定期与学生进行一对一的谈心，了解他们在自主学习中的心理变化，及时给予心理上的疏导和支持。

培养学生的自主学习能力是一项长期而艰巨的任务。作为教师，我们需要不断更新教育观念，探索有效的教育方法，为学生创造一个良好的自主学习环境，引导学生掌握自主学习方法，关注学生的自主学习过程，并给予充分的支持和鼓励。只有这样，我们才能真正地培养出具备自主学习能力的学生，为他们的未来发展打下坚实的基础。

三、发掘学生的潜力

教育，是一场没有终点的旅程。每一个孩子都是一颗独特的种子，有着无限的可能等待我们去发掘。而在当今教育环境中，学生的潜能发掘被视为教育的核心目标之一。作为教育工作者，我们肩负着培养未来社会栋梁的重任，而实现这一目标的关键在于如何有效地发掘和激发学生的潜能。

（一）教师在发掘学生潜能中的角色

1. 观察者

教师是学生潜能发掘的首要观察者。通过日常的教学活动，教师需要仔细观察学生的表现，发现学生的特长和兴趣所在。这需要教师具备敏锐的洞察力和判断力，以便准确把握学生的潜能。

2. 引导者

在发现学生的潜能后，教师需要成为学生的引导者。根据学生的特点和兴趣，教师需要制订个性化的教学计划，帮助学生充分发挥潜能。不仅如此，教师还需要鼓励学生勇于尝试新事物，挑战自我，不断超越自己。

3. 支持者

在学生的潜能发掘过程中，教师还需要成为学生的支持者。当学生遇到困难和挫折时，教师需要给予及时的帮助和支持，鼓励学生坚持下去。此外，教师还需要为学生营造积极向上的学习氛围，让学生感受到自己的成长和进步。

（二）发掘学生潜能的方法

1. 多样化的教学活动

为了发掘学生的潜能，教师需要开展多样化的教学活动。这包括课堂讲解、小组合作、实验探究、案例分析等多种形式。通过这些活动，学生可以充分展示自己的才华和能力，发现自己的兴趣和特长。

2. 个性化的学习计划

针对每个学生的特点和兴趣，教师需要制订个性化的学习计划。这需要教师充分了解学生的情况，包括学生的学习能力、兴趣爱好、家庭背景等方面。通过制订个性化的学习计划，教师可以更好地满足学生的需求，帮助学生充分发挥自己的潜能。

3. 多元化的评价体系

为了全面了解学生的表现和发展情况，教师需要建立多元化的评价体系。这包括成绩考核、课堂表现、项目成果、自我评价等多个方面。通过多元化的评价体系，教师可以更准确地把握学生的潜能和优势，为学生提供更有针对性的指导和支持。

（三）发掘学生潜能的挑战与应对策略

1. 资源有限

在发掘学生潜能的过程中，教师常常面临资源有限的挑战。为了应对这一挑战，教师可以充分利用现有资源，如网络、图书馆等，为学生提供更多的学习材料和资源。此外，教师还可以积极争取外部支持，如与企业合作、申请项目资助等，以获取更多的资源支持。

2. 学生兴趣难以把握

学生的兴趣和特长都是独特的，这给教师的发掘工作带来了困难。为了应对这一挑战，教师需要与学生进行深入的交流和沟通，了解学生的想法和需求。同时，教师还可以通过问卷调查、心理测试等方式，更准确地把握学生的兴趣和特长。

3. 教学方法单一

传统的教学方法往往注重知识的灌输和应试能力的培养，而忽视了学生潜能的发掘。为了应对这一挑战，教师需要不断创新教学方法和手段，采用多样化的教学方式激发学生的学习兴趣和创造力。例如，可以开展项目式学习、探究性学习等活动，让学生在实践中探索和学习。

发掘学生的潜能是一项长期而艰巨的任务。作为教育工作者，我们需要不断地探索和实践，以更好地发掘和激发学生的潜能。通过观察、引导和支持学生，我们可以帮助学生在学习和成长的道路上不断前行，实现自己的梦想和目标。

学生的成长与进步

汗水铺就幸福路,三尺讲台绘人生;呕心沥血育桃李,自有芬芳在其中。二十多年来,在教育的长河中,我经历了无数个日夜的辛勤耕耘,我一直守望着平凡的教学岗位,享受着教育的快乐,永葆对教育的执着追求,用自己的不懈努力书写着清晰的行走轨迹,在平凡的岗位上默默地扮演着"教育麦田守望者",见证着一届又一届学生的成长与蜕变。

在当前教育环境中,学生综合素质的发展越来越受到社会的广泛关注。学生综合素质是指学生在知识、能力、情感、态度和价值观等方面的综合表现,它涵盖了学生的学习能力、创新能力、实践能力、社会责任感、团队合作精神等多个方面。学生综合素质的发展对于其未来的成长和发展具有重要意义。它不仅能够提高学生的综合素质水平,还能够培养学生的创新精神和实践能力,为其未来的职业发展和社会适应能力奠定坚实基础。在教育的征程中,我始终坚信,学生的成长不仅在于知识的积累,更在于综合素质的全面提升。

一、品德修养,塑造美好心灵

通过丰富多样的德育活动,如主题班会、志愿服务等,学生们学会了关爱他人、尊重社会、弘扬正义。班级中涌现出许多拾金不昧、助人为乐的感人故事,展现出高尚的道德风尚。

二、创新能力，点亮智慧之光

工作24年，我带了两届初三毕业班，九届高三毕业班，所带班级教学成绩处于同类班级前列，平均分、优秀率和及格率都实现了大幅度的增长，学生积极参与课堂互动，主动完成作业和课外拓展学习，形成了良好的学习氛围。在创新教育的引领下，学生们积极参与科技竞赛、创意设计等活动。在"全国中学生英语能力电视大赛""全国中译杯大赛""中国青少年英语能力大赛""全国中学生基础学科创新能力大赛""全国创新英语大赛""全国中学生英语能力竞赛（NEPCS）""外研杯"等竞赛活动中，我所带学生屡获佳绩，为学校争得了荣誉。学生成绩的提升不仅是数字上的变化，更是学生未来发展的坚实基础，是学校教育质量的有力证明，也是我们继续前行、追求卓越的动力源泉。

三、艺术修养，陶冶高雅情操

音乐、舞蹈、绘画、书法等艺术领域，都有学生们活跃的身影。他们在舞台上绽放光芒，在画布上挥洒才情，在笔墨间传承文化，校园艺术节成为他们展示才华的绚丽舞台。

四、体育精神，铸就强健体魄

操场上，学生们奋力拼搏，挑战自我。在各类体育赛事中，他们屡获佳绩，不仅展现出出色的运动技能，更培养了团队合作和坚韧不拔的意志品质。健康的生活方式深入人心，为未来的发展奠定坚实基础。

五、社会实践，培养责任担当

学生们积极担任志愿者，参与社会调研、社区服务等活动，了解社会、关注民生。他们用实际行动传递温暖，为社会的发展贡献力量，展现出新时代青年的责任与担当。

六、沟通协作，构建和谐团队

在小组项目、社团活动中，学生们学会倾听他人意见，发挥各自优势，共同解决问题。这种团队协作能力将伴随他们走向未来，助力他们在社会的大舞台上绽放更加耀眼的光芒。

这些教育成果与荣誉的背后，是学校先进的教育理念、优秀的教师团队以及完善的教育体系的支撑。我们将继续努力，为学生提供更广阔的发展空间，让每一位学生都能在综合素质的发展道路上阔步前行，迎接更加美好的未来！

学生综合素质的发展是一个长期而复杂的过程，需要教育工作者共同努力。作为教师，我们应该树立正确的教育理念，创设多元化的教学环境，引导学生自主学习与合作探究；同时，关注学生的情感态度与价值观，为其未来的成长和发展提供正确的价值导向。未来，我们将继续探索和实践有效的综合素质教育策略与方法，为学生的全面发展贡献自己的力量。学生的成长与进步是一个长期而复杂的过程，需要教师付出辛勤的努力和不懈地追求。我们要关注学生的全面发展，构建良好的教育环境，创新教学方法和手段，为学生的成长与进步提供有力的保障。

对教育本质的深刻理解

教育，犹如一座神秘而宏伟的殿堂，其本质深藏在层层迷雾之中。当我们怀揣着敬畏与好奇之心走进，每一次的探索都能带来新的启迪和领悟。教育，是人类社会发展长河中经久不衰的主题，是一片广袤无垠的知识海洋，其本质就像海洋深处的宝藏，等待着我们去发掘、去珍视、去理解。对其本质的追寻，如同追寻那照亮黑暗的真理之光，引领我们不断突破认知的边界。

一、教育的本质：唤醒内在潜能

教育的首要任务，是唤醒学生的内在潜能。每个学生都是独一无二的个体，他们拥有各自独特的天赋和兴趣。作为教师，我们的责任不仅是传授知识，更重要的是发现并培养学生的潜能，帮助他们成为更好的自己。在课堂上，我会努力营造充满探索与创新的氛围，鼓励学生勇敢地提出问题，积极地思考解决方案。因为我深知，只有激发学生的内在学习动力，才能让他们真正爱上学习，成为知识的主动追求者。

唤醒内在潜能，需要我们关注学生的内心世界，了解他们的需求和兴趣。我们要用爱心和耐心去倾听他们的声音，用智慧和勇气去引导他们走向成功。同时，我们还需要培养学生的自主学习能力，让他们学会自我探索和发现，从而不断挖掘潜能。

二、教育的本质：培养全面素质

教育的另一个重要任务，是培养学生的全面素质。在现代社会，知识更新换代迅速，技能层出不穷。为了适应这个时代的需求，我们需要培养学生的综合素质，包括知识、技能、情感态度和价值观等方面。

首先，我们要注重学生的知识积累。知识是学生发展的基础，只有掌握了扎实的知识，才能在未来的竞争中立于不败之地。其次，我们要注重学生的技能培养。技能是学生实现自我价值的重要手段，我们要通过实践训练，帮助学生掌握各种技能。其次，我们要关注学生的情感态度和价值观的培养，让他们成为有道德、有责任感的公民。

三、教育的本质：关注人的成长

教育的最终目的是关注人的成长。成长是一个漫长而复杂的过程，需要我们在教育过程中不断关注和支持。作为教师，我们要关注学生的身心健康，为他们创造和谐、积极向上的学习环境。

同时，我们还要关注学生的个性化发展。每个学生都有自己独特的个性和特长，我们要尊重他们的选择，鼓励他们发挥优势。在教育过程中，我们要关注学生的个性差异，因材施教，让每个学生都能得到适合自己的教育。

四、教育的本质：传递爱与责任

教育是一项充满爱与责任的事业。作为教师，我们要用爱心去温暖每一个学生，用责任心去承担教育的重任。

我们要关注学生的情感需求，给予他们足够的关爱和支持。当学生遇到困难时，我们要及时伸出援手，帮助他们走出困境；当学生取得进步时，我们要给予他们肯定和鼓励，让他们更加自信地面对未来。

同时，我们还要承担起教育的责任。教师不仅是一份职业，更是一份使命。我们要为国家的未来负责，为社会的进步负责，为学生的成长负责。我们要用自己的知识和智慧，为学生指明前进的方向，引导他们走向更加美好的未来。

五、结语

教书育人是一项神圣而伟大的事业。作为教师，我们要深刻理解教育的本质，不断探索和实践教育的真谛。我们要用爱心去唤醒学生的内在潜能，用智慧去培养他们的全面素质，用责任去关注他们的成长过程。

未来教育的发展趋势与挑战

我们身处一个变革的时代，教育领域同样面临着前所未有的机遇与挑战。在技术的推动下，未来教育的发展趋势已经初现端倪，而我们也需要正视并应对这些挑战，共同塑造教育的美好未来。

一、未来教育的发展趋势

（一）个性化学习成为主流

随着大数据和人工智能技术的发展，未来教育将更加注重个性化学习。通过收集学生的学习数据，系统能够精准分析学生的学习特点和需求，为他们量身定制个性化的学习计划和资源。这将极大地提高学习效率，激发学生的学习兴趣和潜能。

（二）在线教育持续繁荣

在线教育以其灵活、便捷的特点，受到越来越多学生和家长的青睐。未来，随着技术的不断进步和应用场景的不断拓展，在线教育将继续繁荣。同时，线上线下相结合的混合式教学模式也将成为趋势，为学生提供更加多样化、灵活化的学习选择。

（三）跨学科融合成为常态

在知识爆炸的时代，单一学科的知识已经无法满足学生的需求。未来教育将更加注重跨学科融合，将不同学科的知识进行有机融合，培养学生的综合素质和创新能力。同时，这也对教师提出了更高的要求，需要教师具备跨学科的知识背景和教学能力。

二、未来教育的挑战

（一）技术应用的挑战

技术的快速发展给教育带来了前所未有的机遇，但同时也带来了挑战。如何有效应用新技术，提高教学效果和学生学习体验，是每一位教师需要面对的问题。此外，技术更新迅速，教师需要不断学习和掌握新技术，以适应教育的变革。

（二）教育资源的挑战

随着个性化学习和在线教育的普及，我们对教育资源的需求也越来越多。如何保证教育资源的丰富性、多样性和高质量，是未来教育需要解决的重要问题。同时，教育资源的不平衡问题也需要引起我们的关注，如何通过技术和政策手段实现教育资源的均衡分配，是我们需要共同努力的方向。

（三）教育评价的挑战

传统的教育评价体系已经无法满足未来教育的需求。如何建立科学、公正、全面的教育评价体系，是未来教育需要解决的重要问题。我们需要关注学生的全面发展，注重学生的创新能力、实践能力和综合素质的培养。同时，我们也需要关注教师的专业发展和成长，为他们提供必要的支持和帮助。

三、应对策略

（一）加强教师培训

教师是教育的核心力量。我们需要加强教师培训，提高他们的教学能力和技术应用能力。通过定期的培训和学习，让教师了解最新的教育理念和教学方法，掌握最新的技术应用和技能，以适应教育的变革。

（二）推进教育资源建设

我们需要加强教育资源建设，提高教育资源的丰富性、多样性和高质量。通过政策引导和市场机制，鼓励企业和个人参与教育资源的开发与共享。同时，我们也需要关注教育资源的不平衡问题，通过技术和政策手段实现教育资源的均衡分配。

（三）改革教育评价体系

我们需要改革传统的教育评价体系，建立科学、公正、全面的教育评价体系。关注学生的全面发展，注重学生的创新能力、实践能力和综合素质的培养。同时，我们也需要关注教师的专业发展和成长，为他们提供必要的支持和帮助。

未来教育的发展充满了机遇与挑战。让我们携手共进，共同应对这些挑战，为培养更多的优秀人才贡献自己的力量。相信在不久的将来，我们一定能够创造出更加美好的教育未来！

个人获得的奖项与认可

在我教书育人的舞台上，"做有生长力和幸福感的教育"这一理念始终贯穿其中，我用汗水和努力书写着属于自己的篇章。每一份荣誉都是努力的结晶，每一次认可都是前行的动力，成长路上的里程碑，记录着那些拼搏与超越的瞬间，照亮了我前行的道路，见证了我奋斗的足迹，诉说着一段段不平凡的故事。

一、教育教学奖项

我所带过的班级均形成了良好的班风和学风，成为一支支公认的具有凝聚力的优秀班集体，2004年所带93班被评为怀化市"优秀班级"，2013年所带248班被评为县"优秀班集体"。辅导学生在全国、全省、全市的各类比赛中获奖，如"全国中学生英语能力竞赛（NEPCS）"、"思中杯"阅读原著翻译有奖竞赛、"英语周报杯"全国中学生英文话题作文大赛、"假如我是一名奥运志愿者"全国中学生主题英文作文大赛、"全国中学生英语能力电视大赛"、"全国中译杯大赛"、"外研杯"等，个人也因此多次被授予各种大赛的"优秀指导奖"。在各类教育教学比赛中，我也取得了优异的成绩，如在湖南省首届集体备课大赛中，作为主备人，团队教学设计获省一等奖，参赛的公开课获省二等奖；在湖南省第二届集体备课大赛中，作为主备人，团队教学设计、参赛的公开课获省二等奖；

在全国首届中小学英语教师技能大赛中获全国二等奖；在第五届全国中小学英语教师素质教育英语知识能力竞赛中荣获三等奖；在怀化市"解题大赛"和"命题大赛"中均荣获一等奖。

二、社会荣誉

日期	荣誉称号	授予单位
2005年4月	怀化市芙蓉百岗明星	怀化市总工会
2009年1月	怀化市青年岗位能手	怀化市青年职工工作委员会、共青团怀化市委员会、怀化市教育局
2009年9月	怀化市优秀教师	中共怀化市委、怀化市人民政府
2012年3月	怀化市优秀德育工作者	怀化市教育局
2012年9月	怀化市教学名师	中共怀化市委办公室、怀化市人民政府办公室
2015年11月	怀化市优秀年级组长	怀化市教育科学研究院
2017年12月	湖南省首届湖湘优秀班主任	湖南省教育学会
2018年10月	湖南省精英教师	湖南省教育厅
2019年4月	第五届全国中小学外语教师教学能手	国家基础教育实验中心外语教育研究中心
2019年9月	全国优秀教师	中华人民共和国教育部
2019年8月	湖南省优秀坊主	湖南省中小学教师国家级培训计划项目实施工作办公室
2019年12月	怀化市高中教学质量监测命题专家	怀化市教育局
2019年12月	怀化市高考综合改革研究小组专家	怀化市教育局
2021年3月	怀化市高中英语张欢英名师工作室主持人	怀化市教育局
2022年2月	怀化市骨干教师	怀化市教育局

续 表

日期	荣誉称号	授予单位
2022年9月	怀化市命审题专家	怀化市教育局
2022年12月	怀化市教育学会2022年度先进工作者	怀化市教育学会
2022年12月	湖南省"十四五"教师培训专家	湖南省中小学教师国家级培训计划项目实施工作办公室
2022年12月	湖南省新时代基础教育名师培养对象	湖南省教育厅
2023年4月	怀化市第二批中小学教师培训师	怀化市教师发展中心
2023年6月	特岗教师招聘考试（笔试）专家	湖南省教师发展中心
2023年9月	湖南省新时代基础教育名师培养对象张欢英名师工作室主持人	湖南省教育厅
2023年12月	湖南省教育学会2023年度先进工作者	湖南省教育学会
2024年5月	湖南省特级教师	湖南省教育厅

每一次荣誉的获得，于我而言，都不是终点，而是新的起点。它鞭策着我继续前行，不断提升教育水平，以更加饱满的热情和专业的素养，为学生的未来奠定坚实的基础。我相信，只要我们用心去浇灌，每一颗种子都能绽放出属于自己的绚烂花朵，而我，愿意在这片教育的花园里，默默守护，静待花开。

第三章

**在课题引领下
让教学学以致用**

"利用'磨课'促进青年英语教师专业发展的研究"课题研究报告

学校申报的课题是"利用'磨课'促进青年英语教师专业发展的研究",近三年来,我们围绕本课题,在理论研究和实践应用等方面做了一定的工作,取得了显著成效,现汇报如下。

一、课题背景

(一)问题的由来和背景

1. 课题研究的理论背景——教师的专业发展呼唤"磨课"

教师的专业发展离不开"实践反思,同伴互助和专业引领",而"磨课"则是这三位一体的综合体现。"磨课",可理解为琢磨课,打造"精品课",就是某个教师在一定时期内,对某一节课的课堂教学不断反思,反复推敲,加工提炼,精心打磨,通过实践反思、同伴互助、专业引领等手段从而提高教师的教学水平,提高教学质量。所以,"磨课"在很大程度上是为了锻炼教师的"临床"经验,是教师自我提升的有效途径,是教师走向成熟的捷径。

2. 课题研究的现实背景——"磨课"是实现学校内涵发展的有效手段

学校是一所2012年新办的全日制寄宿学校,英语教师平均年龄30岁左右，教学经验不足，课堂驾驭能力不强，学校开展教研活动过于形式化，听课热情不太高，评课时碍于教师之间的面子往往"报喜不报忧"，缺乏讨论与交流，所以提高学校教学质量必须由形式走向内涵，而通过"磨课"使年轻老师快速走向成熟势在必行。

3. 课题研究的实践背景——三年多的"磨课"实践让我们尝到甜头

从2012年9月开始，学校推行"磨课"的教研活动，几年的"磨课"实践让我们尝到甜头。"课"是一种载体，在这个磨的过程中，不仅是磨出了一堂堂优质课、磨出了一则则比较完美的教学案例，更重要的是"磨"出了青年教师的自信心。上课者自身的能力、素质肯定是得到了历练，从设计、授课到课后反思、总结提炼，全面提高。一堂优质课、一份教学案例，都是上课者的一份有价值的成果。而对于全体老师（尤其是同备课组的老师）来说，大家在这个过程中，也逐步树立起钻研和反思的意识，进一步明确了钻研和反思的有效方式。

（二）课题的界定和说明

磨课是指全体组员围绕课题反复课堂实践，不断切磋、实践、反思，修改，再设计，再实践，再反思的循环过程，目的是通过"磨"达到"合"，即教与学的融合，理念与实践的融合，充分调动每位青年教师的积极性和创造性，共商科学高效的教学方法，直到打磨出一节优质高效的好课，凡是涉及课堂教学的内容都是"磨课"的范围。青年英语教师专业发展是本课题研究的主要目的，直接承担"磨课"任务的教师以行动研究为主要方法，在"磨课"的过程中不断"实践—反思—再实践"改进自己的教学行为，不断提高自己的教学能力；参与课堂观察的教师以实证研究为主要方法，通过科学的观察、分析，理性审视课堂、思辨教师的教学行为；参与听课的教师以反思总结为主要方法，聆听他人的课堂教学，通过有效地交流，反思自己的教学实践。参与的角色不同和角度不同，得到发展的程度也就不同。

（三）目前国内外研究现状及与本课题研究的关系

从国外来看，学者从教师专业发展的角度来探讨磨课的价值，指出磨课有助于教师的专业成长，这种促进在于教学的反思和经验的相互交流，并建议建立起一年一次的、在同事面前磨课的体制。就国内而言，研究者从教师专业发展的角度来探讨，认为磨课是教师专业成长的催化剂，是校本研究、培训的主要途径，是教学理论与教学实践密切联系的结合点，也是校际教师们交流、沟通的平台。还有研究者从文化的角度详细地探讨了磨课与教师专业成长的关系，指出磨课是教师专业成长的一个重要舞台，围绕磨课，青年教师有一套有关专业的行为规范与价值观念，形成了一种独特的磨课文化。

（四）本课题试图解决的问题及其理论意义和实践价值

本课题试图通过三年的扎实研究、实践，挖掘、整合、摸索一整套符合学校实情的校本教研的运行制度，实践途径和操作细则，进而为教师的专业提升和学校的内涵发展创设更优化的外围环境。同时，能为本类学校的校本教研提供有效操作借鉴。本课题的研究，具有一定的理论意义与实践价值。

（1）"利用'磨课'促进青年英语教师专业发展的研究"可以不断丰厚理想教研的内涵与理论。从理论层面看，本课题作为新课程背景下的学校教育管理的突破口来研究，是真正实现现代学校管理，完善现代学校校本研修建设理论的需要，是有效强化教师校本研修意识，改进教学行为的有力举措。同时现在正处于传统教学与新型教学的交锋阶段，学校营造宽松、平等、民主、开放的学校研修文化，让教师敞开每间教室的大门，相互评论、连环改进，必将从内部推进课程教学的改革。如果此研究能够在教研、科研、培训一体化上有实质性突破，必将成为现行学校管理的一大亮点，具有极大的理论研究价值。

（2）"利用'磨课'促进青年英语教师专业发展的研究"能从根本上

改变青年英语教师的教学方式，构建和谐教研共同体，真正实现教研成为教师内需的趋向。从实践层面来看，本课题以为，以"磨课"为载体的校本教研是基于教学行动的学习共同体，将教师的教学、研究和进修整合起来，对教师的传统教研方式将是一次全新的革命，这进一步提高了教研与科研的合力、引领教师行为跟进，进而构建和谐教研共同体，无形中把教师推向专业成长的发展之路。因此本课题的研究，具有一定的实践价值。

二、课题理论依据

（一）建构主义理论

建构主义理论认为，知识是个体对现实世界建构的结果，而学习活动是一个对知识创造性的理解过程。该理论强调以学生为中心，学生获取知识的多少取决于学习者根据自身的经验去建构有关知识的能力，教师对学生的意义建构只起帮助和督促的作用。

（1）建构主义理论强调学习情境的重要性，认为学生的学习是与真实的情境相联系的，是对真实情境的一种体验。

（2）建构主义理论强调协作学习对意义建构的关键作用。合作是建构主义的核心概念之一。这种协作强调学生之间、师生之间的协作交流以及学生和教学内容与教学媒体之间的相互作用。

（3）建构主义理论强调知识再生产的重要性。足够的输入是知识再生产的条件，学习小组可以不同的方式把他们所学的知识或把他们对问题的思考展现出来。

（二）多元智能理论

该理论认为，智力是在实际生活中解决所面临的实际问题的能力，是提出并解决新问题的能力，也是对自己所属文化提供有价值的创造和服务的能力。

（三）任务教学法

任务教学法是以明确的任务作为课堂主要教学目标，在学生实践任务过程中，培养学生自我分析、解决、总结问题能力的教学方法。任务教学法是由"明确任务、尝试任务、执行任务、巩固任务、提升任务"五个部分组成。

三、课题研究目标及内容

（一）本课题研究目标

（1）倡导"以行为反思行为"的教学磨课研究模式，在教育教学实践中领会、理解、实践、充实、升华新的教育理念。开创新课程理念下高中英语教学的新途径，改进教师的教学和促进学生生动活泼地、主动地和富有个性地学习。

（2）形成一套规范的教师磨课操作要求体系，探讨衡量"磨课"真实有效性的价值尺度。

（3）研究磨课案例的积累与教师成长、学生学习之间的内在关系，从个别到一般，透过现象看本质来揭示教学规律和教育思想，探索新课程理念下的高中英语教学教研组织结构形式。

（4）通过广泛参与的磨课案例研究方式推动新课程理念进一步贯彻落实，促进广大高中英语教师的专业成长，培养一批英语教学、教研骨干。

（二）本课题研究内容

（1）磨课对学校教研文化的形成。

（2）磨课对教师整体素质的提升。

（3）磨课操作要求体系的形成。

（三）课题研究假设及创新之处

1. 本课题拟希望取得的成果

在新课改理念指导下，引领英语教师通过课例研究、课题研究和课程开发等全方位的合作性、研究性变革实践，转变日常的教学行为，优化青年英语教师专业成长的集体环境，让青年英语教师感受被尊重和被重视的专业满足。

2. 本课题创新之处

在新课程改革的大时代背景下，绝大多数学校主要是注重学生的发展，而忽视了青年教师专业的发展。国内已有的研究也主要是探讨了磨课与其他专业教师的关系。故本课题将针对学校教龄少于三年的英语教师，利用磨课从根本上改变我校青年英语教师的教学方式，构建和谐教研共同体，真正实现教研成为教师内需的趋向。

四、本课题研究思路、研究方法和实施步骤

（一）本课题研究思路

（1）收集、查阅与提高教师专业素养理论相关的文献资料，确定研究的意义和价值。

（2）通过对文献的研究，探讨青年教师专业成长的规律。（生存—发展—创新）

（3）调查并分析青年英语教师的工作现状、面临的问题和成长需求，确定课题研究的具体内容和方法。

（4）以理论为指导，将理论和实践相结合，通过开展研讨交流、展示汇报等活动，边实践边总结。

（5）全面进行研究，完成必要的研究内容，用成果展示总结课题，并撰写研究报告。

（二）研究方法

（1）行动研究法：根据一定的理论假设，设计相关的实践活动，经过一段时间的观察，就实践的效果进行比较分析，从而得出有关合作式教研在提升学校教学质量和教师教学能力上的实效。整个研究过程中把握合作

式教研的功能和教师教学能力发展的关系，不断完善和创新合作式教研的形式与方法，丰富校本教研活动内涵。

（2）文献研究法（青年英语教师个人成长）。

（3）经验总结法（边实践边总结，不断总结学校在开展合作式教研实践中的好方法，并使之上升至理性认识的高度）。

（4）个案研究法（几名教龄不到三年的青年英语教师为研究对象，跟踪其专业成长轨迹，以个人事实为研究依据）。

（三）研究步骤

1. 准备阶段（2016年3—9月）

（1）制订课题研究方案，对课题进行论证。

（2）查阅文献资料及材料收集。

（3）成立课题组，对实验人员进行培训。

（4）调查分析学校英语组青年教师专业发展现状，确定课题研究的具体内容和方法。

2. 实施阶段（2016年9月—2018年3月）

（1）组织课题组成员学习课题研究方案，明确各自的任务。

（2）指导课题组成员进行课题研究工作，将理论和实践相结合，通过开展研讨交流、展示汇报等活动，全面进行研究，完成必要的研究内容，写好研究成果报告。

3. 总结阶段（2018年4月—2019年9月）

全面总结，对收集的原始资料进行整理，对结果进行定性及撰写课题研究的报告，制订课题延伸和推广计划，邀请有关教育专家进行评估验收。

五、研究的操作措施及课题进展情况

（1）课题组成员充分利用网络、书籍、报纸、杂志等资源，学习英语教学研究方面的理论，以及优秀案例、课件和微课制作方法，包括辅助性资源学案、教案、课件、测试题等。

（2）定期集中教师们收集的资料，小组合作分工，认真分析讨论，推进研究向实用、高效、创新方向发展。

（3）课题组成员结合英语学科知识点，依托"一师一优"课、贝壳网集体备课大赛等网络平台和学校教学质量展示月、青蓝工程汇报课等契机，在英语组范围内开展"磨课"活动。

（4）邀请市英语教研员陈燕玲老师对课题组成员进行教学培训，定期评估检测教师的研究成果。

（5）在教学实践中不断总结教学经验。在磨课教学的实践中，各成员以"课后反思"的形式对课堂教学效果进行记录，总结磨课教学活动中的优缺点并进行反思，不断改进自己的英语教学方法。

（6）坚持每月召开一次研讨会，充分利用QQ群和微信群，就研究中所出现的问题进行讨论，根据实际情况适当调整研究方法和侧重点。

（7）采用问卷、座谈、观察等方式进行调查，然后对课题实施过程中存在的问题进行分析和总结。

六、初步的研究成果

（一）利用"磨课"促进青年教师专业发展的研究，优化了课堂，实现了有效教学

（1）通过"磨课"课题研究，提高了课堂教学的时效性。湖天中学是一所新学校，教师学历高，年轻，富有活力，但没有教学经验，教师对实践课堂教学认识不足，英语组教研只是一般水平，进行课题研究后，经过市教研员陈燕玲老师，以及学校高级教师唐小月、杨志国、张欢英、曾琳、舒迭斯等教师的专业引领，加上英语组的全体成员同心协力，共同努力，英语组的教育教学水平明显提高，涌现了一批批新秀。教师们首先从认识层面上有了显著改变，能给课堂带来丰富多彩的教学资源，把众多教

学资源"合理整合"为学生所用，能达到最佳的教学效果，就能形成一种比较理想的学习方式。

（2）通过"磨课"课题研究，更新了观念，引进先进的理念，不断地创新了教学。要打造高效课堂，首先要找到适合的知识点，这就需要教师在备课环节下足功夫，教师备课前除了钻研教材外，还要广泛查阅资料，科学、合理、有效地选择出最核心的教学知识点进行课件制作和教学设计撰写，在"磨课"的过程中，不断地学习先进的教学理念和教学方法，不断地挖掘教材，创造性运用教材，修改教学环节，改进教学方法和真正做到"备教材、备学生、备方法"，不断地创新方法。

（二）利用"磨课"促进青年教师专业发展的研究，提升青年教师科研能力

（1）通过"磨课"课题研究，丰富了校本教学资源，提升了教师专业素养。结合学校常规教学活动安排，我们围绕本课题在校内安排了一系列竞赛：微课论文竞赛、微课制作大赛、青年教师片段教学大赛；还鼓励教师参加市级以上的各种大赛和微课论文评比，如怀化市英语教师教学比武、怀化市青年教师技能大赛、贝壳网举办的集体备课大赛等，教师们在实践中学习提升，专业素养能力不断提高，不少教师有作品发表在各级刊物上。

（2）通过"磨课"课题研究，培养了一大批专家型优秀教师，先进带新秀，形成良好的教学氛围。学校提倡"走出去，请进来"的互助型学习模式，鼓励教师在听专家讲座时自学摸索提升，通过参加各种赛事来加强沟通交流，提升自我。

怀化市湖天中学是湖南省教师培训基地校，英语组每年都承担国培项目，通过这个平台，本校的英语教师和全市优秀教师线上线下同时切磋交流，很多教师得到了讲座、授课的机会，教师在实践中不断磨课，精益求精，专业素养直线提升，专家型教师越来越多，学习氛围也越来越浓厚。

"'三新'视域下指向深度学习的 Project 板块教学设计和实践的研究" 课题研究

一、课题选题

（一）问题的提出

《普通高中英语课程标准（2017年版2020年修订）》（以下简称《课标》），特别强调英语的学习活动观，即学生在主题意义引领下，通过学习理解、应用实践、迁移创新等一系列体现综合性、关联性和实践性等特点的英语学习活动，基于已有的知识，依托不同类型的语篇，在分析问题和解决问题的过程中，促进自身语言知识学习、语言技能发展、文化内涵理解、多元思维发展、价值取向判断和学习策略运用。在这一背景下，根据教育部推进高中课程改革的规划，译林出版社出版了最新高中英语教材（2020年版）。译林版英语教材Project板块充分体现了英语课程改革的理念，突出语言学习的自主性、综合性、实践性，提倡学生用英语做事情，注重对学生的参与意识和合作精神的培养，为提高学生综合语言运用能力和提升学生的英语素养提供了宝贵资源。

但是，在实践中发现Project板块未得到充分重视，目前的Project板块教学被教师开展成单纯的阅读课，单一的语言知识点讲解课，有的教师直接忽略该部分的学习，Project板块教学的综合价值没有得到很好地体现，导致它应有的教学目的未完成，在课程改革中的重要作用未发挥。那么，在"新课标、新教材、新高考"三新视域下，指向深度学习的Project模块的教学该如何设计才能全面提高学生的核心素养？教学实践以及学生输出如何实现教学目标？以上都是本课题试图探讨的主要问题。

国内外相关研究的学术史梳理如下。

从学术史来看，关于Project活动教学的研究经历了不同的发展阶段，具体来说，大致可以分为以下两个阶段。

第一阶段可以追溯到PBL（Project-Based Learning）的起源，100多年前，著名教育家杜威倡导的"做中学"。1918年9月，杜威的学生，著名教育家克伯屈在《哥伦比亚大学师范学院学报》第19期发表了《设计教学法：在教育过程中有目的活动的应用》一文，首次提出"项目式学习"的概念。项目式学习，英文原文为Project-Based Learning，缩写为PBL。Project是项目的意思，Project-Based是基于项目，Project-Based Learning就是基于项目的学习。这个教学方法的核心就是"做中学，学中做"。PBL最先出现在美国的医学领域，然后是工程领域，后又应用于教育领域。"建构主义之父"杜威在20世纪60年代再次强调了"做中学，学中做"的重要性，并且提出社交学习。他认为，孩子们应该一起探究学习、一起做实验，通过社交下的学习体验来构建深层的知识体系。

第二阶段是国内阶段，外研社牛津版英语系列教材产生之初，所涉及的内容和思维提到的所有Project活动教学实践和与之有关的论文或刊物。国外阶段，2008年，美国的一个非营利教育组织——Buck Institute for Education（BIE）成立了。PBL在当时已经被大量的实践和实验验证过，它是全世界当前教学效果最好的创新教育。BIE决心把PBL系统化、科学化，把在教育一线的老师培养成会实施PBL的设计师和践行家。在BIE这套体系的基础上，结合所习得的设计知识体系，优化了BIE提供的教案，开创和设计了以学生为中心的学案，自成教学体系，起名"赋能教育"。这个体系的核心是赋能孩子，让他们爱上学习，让他们体验通过学习可以给社区乃至世界带去积极影响的这种无法形容的成就感。

（二）本课题相对已有研究的独到学术价值和应用价值

1. 学术价值

本课题探究Project板块教学实效性的途径和方法，对于后期Project活动教学有相应的指导作用，充实了指向深度学习的Project板块教学设计和实践的研究。

2. 应用价值

本课题着重于创建和主题意义、学生生活密切相关的语境，整合运用语言知识和技巧，通过综合性、关联性的学习活动，推动深度学习，以解决问题为目的，实现知行合一；实验校在英语教学中激发了学生的学习兴趣，调动了学生参与课堂的积极性，促进了学生自主发展，加深了教师对教学的认识；同时，成果的推广也为兄弟学校的教师开展教学研究和实践教学智慧提供了更为广阔的平台。

二、课题论证

（一）研究内容

1. 概念界定

（1）"三新"。

"三新"指"新课程、新教材、新高考"。新课标即《课标》，它指明了新一轮高中英语课程改革的走向和目标。高中英语新课改强调根据高中学生的认知特点和学习发展需要，面向全体学生，注重素质教育，着重培养学生的英语综合运用能力，突出了"以学生学习为主体，培养学生创新能力与实践能力"的新理念，且使学生能自主学习和合作交流是英语课程、教学改革的重点。

湖南省2020年秋季新高一采用《英语（译林牛津2020年版本）》教材。该教材充分体现了实践英语学习活动观，协调发展英语学科核心素养。

新高考指2021年湖南地区采用新高考试卷，对于学生的逻辑思考能力和语言驾驭能力提出了更高的要求，也体现了《课标》中英语学科核心素养的要求。

（2）深度学习。

深度学习是指在教学中学生积极参与、全身心投入、获得健康发展的、有意义的学习过程。在此过程中，学生在素养导向学习目标的引领下，聚焦引领性学习主题，展开有挑战性的学习任务与活动，掌握学科基础知识与基本方法，体会学科基本思想，建构知识结构，理解并评判学习内容与过程，能够综合运用知识和方法创造性地解决问题，形成积极的内在学习动机、高级的社会性情感和正确的价值观，成为既有扎实学识基础、又有独立思考能力，善于合作、有社会责任感、具备创新精神和实践能力、能够创造美好未来的社会实践的主人。

（3）PBL。

PBL就是基于项目的学习，基于项目的学习是一种教学方法，在这种教学方法中，学生通过长时间的工作来调查和回应一个真实的、引人入胜的、复杂的问题、难题或挑战，从而获得知识和技能。这个教学方法的核心就是"做中学，学中做"。教材中的Project板块，依托课内学习和教材学习，在大概念引导下，围绕本单元话题做深入的探讨和研究，学生通过讨论、调查、专访、网络资料查找等各种活动，合作探究、小组合作等方式来解决问题的过程性体验学习环节。

2. 总体框架

（1）指向深度学习的Project板块话题整合及分类。

（2）指向深度学习的Project板块教学设计。

（3）指向深度学习的Project板块教学实践活动研究。

（4）指向深度学习的Project板块教学的评价研究。

3. 重点与难点

本课题的研究重点是指向深度学习的Project板块话题整合及分类和指向深度学习的Project板块教学设计；难点是指向深度学习的Project板块教学实践活动研究和指向深度学习的Project板块教学的评价研究。

4. 主要目标

本课题的研究试图围绕前面提出的问题，对新教材的Project板块进行有效整合和分类，优化教学设计，推动学生的深度学习，提升学生的学科核心素养和激发学生学习英语的动机及兴趣。

（二）思路方法

1. 研究思路

本研究以培养学生的英语学科核心素养为指导思想，以实地调研为基础，以指向深度学习的Project板块话题整合及分类为重点，以指向深度学习的Project板块教学实践活动为突破口，以指向深度学习的Project板块话题分类教学设计为抓手，设计主题教学方案，改善课堂教学行为，促进学生自主发展，引领学生自主学习与小组合作探究，发展学生英语学科素养。

2. 研究方法

（1）文献研究法：通过查阅有关"深度学习""Project板块"等内容的相关文献资料，了解前沿研究成果，把握国内外研究现状，为进一步研究奠定基础。

（2）行动研究法：通过查阅文献资料和观察现行课程教学，发现相关问题，设计相关的实践活动，并进行教学实施，经过一段时间的观察，就实践的效果进行比较分析，从而得出指向深度学习的Project板块教学方

式方法。整个研究过程中，不断反思、实践、修正和完善，以形成研究
成果。

（3）比较研究法：采取"同课异构"的形式，即同一Project板块让
不同的老师上课，课题组听课后，提出疑惑或存在的问题，再讨论解决
问题。

3. 研究计划

准备阶段（2022年12月—2023年3月）

（1）查阅文献资料及材料收集；对课题组人员进行培训。

（2）对高中英语Project板块教学现状进行调查分析，确定课题研究的
具体内容和方法。

（3）制订课题研究方案，对课题进行论证。

实施阶段（2023年4月—2025年3月）

（1）组织课题组成员学习课题研究方案，设立研究小组，确定组长领
导制，逐级分配任务。

（2）将各单元Project 按话题集合及分类，分配到各研究小组。各研究
小组按照组长负责制，汇编相关资料，在整个课题组进行分享与探讨。

（3）各研究小组讨论研究不同主题语境的Project板块教学实践活动，
进行头脑风暴，再在整个课题组进行分享与整理。

（4）以研究小组为单位开展不同主题语境的Project板块教学设计，形
成有效的实施方案，在整个课题组进行分享与修正。

（5）各研究小组在开展实践研究时，设立指向深度学习的Project板块
教学设计和实践研究的评价表，边实践边评价，从而确立行之有效的评价
手段。

总结阶段（2025年4月—2025年9月）

收集整理课题研究的过程性资料，进行分析、提炼、总结，撰写并完
成结题报告，提出申请，聘请专家结题，并将成果在本地区推广。

（三）创新之处（在学术思想、学术观点、研究方法等方面的特色和创新）

在学术思想上，本课题的研究是基于教育部指导政策"三新"视域下的实践研究。《课标》要求新教材和新课程具有育人功能，发展学生的语言能力、文化意识、思维品质和学习能力等英语学科核心素养，落实立德树人根本任务，以德育为魂，能力为重，基础为先，创新为上。

在学术观点上，本课题的教学设计以单元大概念为指导，集综合性、关联性和实践性特点于一身的英语学习活动，使学生通过学习理解、应用实践、迁移创新等一系列融语言、文化和思维为一体的活动培养学生的学科核心素养，激发动机和兴趣，提高考试成绩。

（四）预期成果（必须包含一份研究报告）

序号	成果名称	成果形式
1	新译林版高中英语Project板块的策略理论探究	专著
2	"三新"视域下指向深度学习的Project板块教学中的问题和困惑	调查报告
3	新译林版高中英语指向深度学习的Project板块教学设计	工具书
4	新译林版高中英语Project板块的实践经验总结和反思	论文

（五）预期成果使用去向及社会效益

预期成果中有研究报告、论文、工具书等，使实验校在英语教学中充分发挥学生的主观能动性，促进学生自主发展，改善课堂教学行为，促进教师对教材的分析，提高课堂教学效率。此外，本课题研究成果可辐射到实验校以外的学校，鼓励更多学校把Project板块探索形成体系，在Project板块教学实践中教师要从教学思路和方法入手多加思考，细心研究，精心设计，让Project板块更好地为学生的学习服务，体现它真正的价值。

（六）重要参考文献（开展本课题研究的主要中外参考文献）

［1］葛炳芳，印佳欢.英语学习活动观的阅读课堂教学实践［J］.课

程·教材·教法，2020（40）：102-108.

［2］吴雅敏. 基于英语学习活动观培养学生文化意识的教学实践研究［J］.英语教师，2019，19（22）：125-128.

［3］霍洁. 基于英语学习活动观的高中英语教学设计探究［J］.宁夏师范学院学报，2020（41）：99-102.

［4］王兰英. 对六要素整合的高中英语学习活动观的认识与实践［J］.中小学外语教学（中学篇），2018（6）：1-5.

［5］黄萍. 情境教学法在中学英语阅读教学中的应用探究［J］.当代教育实践与教学研究（电子刊），2018（8）：626.

［6］ Moore, T. J. Critical Thinking and Language: The Challenges of Generic Skills and Disciplinary Discourse［M］. London: Continuum International Publishing Group，2011.

［7］马纳克.PBL教学模式下的英语口语教学实践［J］.教育理论与实践，2016（27）：49-50.

［8］王春晖. 英语学习活动观的认识与实践［J］.基础外语教育，2019（21）：32-38.

［9］孙有中. 思辨英语教学原则［J］.外语教学与研究，2019（6）：832-837.

［10］高洪德. 英语学习活动观的理念与实践探讨［J］.中小学外语教学（中学篇），2018（4）：1-6.

［11］刘月霞. 指向"深度学习"的教学改进：让学习真实发生［J］.中小学管理，2021（5）：13-17.

［12］蔡基刚.CBI理论框架下的分科英语教学［J］.外语教学，2011（5）：35-38.

［13］李春芳，李珍珠. 以基于大观念的英语教学促进学生和教师的共同成长［J］.教学月刊，2022（4）：24-34.

［14］王蔷.促进英语教学方式转变的三个关键词："情境""问题"与"活动"［J］.基础教育课程，2016（5）：45-50.

［15］张献臣.基于英语学习活动观的高中英语听说教学设计［J］.中小学外语教学（中学篇），2021（2）：1-7.

［16］程晓堂.在英语教学中发展学生的思维品质［J］.中小学外语教学（中学篇），2018（3）：1-7.

三、研究基础

（一）学术简历（主持人主要学术经历、学术兼职）

张欢英，中小学英语正高级教师，全国优秀教师。1976年10月出生，1999年6月毕业于怀化学院英语系；2005年6月中南民族大学英语系函授毕业。湖南省新时代基础教育名师、湖南省"十四五"培训专家、湖南省精英教师、怀化市高中英语张欢英名师工作室首席名师、"国培"怀化市高中英语骨干教师工作坊坊主、怀化学院外国语学院英语专业特聘教师、市高中教学质量监测命题专家、市高考综合改革研究小组专家。

（二）学术积累（主持人取得的教育科学以及其他人文社会科学最高级别研究成果）

独著或合著（排名前3位）的著作、论文、咨询报告、批示转载等成果名称	独著/合著	成果形式	发表刊物、出版单位、批示人	取得成果时间
《走向真正的读者——基于整本书阅读的高中英语教学的思与行》	合著	著作	天津人民出版社	2022年
《英语课课练》	合著	工具书	江苏译林出版社	2022年
《优化微课有效应用 助推英语语法教学》	独著	论文	《中学生英语》	2019年
《英语阅读专题复习中说明文阅读解题策略》	独著	论文	《高中生》	2021年

主持或参与（排名前5位）的课题名称	主持/参与	课题类别	批准时间	批准单位	是否结题
《利用"磨课"促进青年教师专业发展的研究》	主持	省学会课题	2016年	省教育学会	是
《新高考改革背景下高中英语整本书阅读策略研究》	主持	一般课题	2021年	教育部教育装备研究与发展中心	是
《"三新"背景下高中英语教学中怀化本土文化开发与融入实践研究》	主持	省学会课题	2022年	省教育学会	在研

个人或集体（排名前5位）获奖成果名称	个人/集体	成果类型	批准时间	批准单位	获奖等级
《微课在课堂教学中的应用研究》	集体	课题	2019年7月	怀化市教育局	一等奖
《利用"磨课"促进青年教师专业发展的研究》	集体	课题	2019年7月	怀化市教育局	二等奖
《武陵山片区全国英语等级考试PETS的现状调查及应试策略研究》	集体	课题	2019年7月	怀化市教育局	三等奖
《我的教育故事》	集体	课题	2021年10月	怀化市教育局	三等奖

（三）条件保障（完成本课题研究的时间保证、资料设备、经费支持等科研条件）

（1）本课题将在三年内按照既定的计划，完成相关理论和实践的研究及总结反思。

（2）参加课题组的多数老师为学校英语学科的骨干教师，有着丰富的教育经验和教科研能力。部分年轻老师具有研究生学历，理论和学术基础扎实，且有较高的研究热情。

（3）学校图书馆的海量资源库以及学校的先进教学设备，为课题研究提供了技术支持。

（4）学校专门成立教研课题工作领导小组，对此课题实施有效组织和定期督促指导，以保证课题实施成果的审查和验收。

（5）本着节约为主，学校严格执行教育部门的课题研究专项经费的审批制度，给予必要的经费支持，保障专款专用。

优化微课有效应用　助力英语读写整合

——以 M9 Unit 4 Project 为例

一、引言

随着信息技术的进步和教育的发展，学生的知识面不断扩大，许多新事物和新知识也不断地涌现，教师在优化知识内容的同时，也要不断优化知识获取的渠道和方式，因此，教师应借助学校中现有的教学资源，进行积极大胆的研究，在课堂上有效应用微课视频，以促进优质教学资源进入英语课堂，以提高课堂教学效率；同时保障实际教学过程中的有效片段被重复利用，促进高中英语课程教学效果的提升，让微课成为高中英语读写整合教学的"活水"，运用语言输入和输出的语言学理论，将读和写有机地融合在课堂里面，以阅读促进写作、以写作巩固阅读。

二、微课在高中英语读写整合教学中的实践

（一）课例介绍

本文以 M9 Unit 4 Behind beliefs Project Reporting on a historic religious sit一课为例，展示微课在高中英语读写整合教学中的应用和对传统教学的改善。

（二）微课设计及说明

Step 1: Warming up

1. Look at some pictures of historic sites in China.

Q: Do you know which Buddhist temple is the oldest in China?

2. Then present two pictures of the White Horse Temple and students will know that the White Horse Temple is the oldest Buddhist temple in China.

设计意图：在Warming up热身环节，运用微课介绍中国的名胜古迹，目的是鼓励学生自由讨论，大胆思考，作用是激活学生已有的相关背景知识，补充必要的、新的背景知识，启发学生对有关话题的思考，从而导入新课中国最古老的佛教圣地——"The White Horse Temple"。另外，教师利用微课可以使学生迅速集中注意力，激发了学生的求知欲，提高了学生的学习兴趣。

Step 2: Pre–reading

What is happening to some historic sites?

They are either damaged or deserted. What can we students do?

Write a proposal to call on people to protect them! How can we write a proposal?

设计意图：此环节呈现了中国的历史遗址（长城、故宫、圆明园、黄鹤楼等），使学生在更真实的情境下加深对知识的理解，也为教学内容的输入提供了良好的前提，学生在该部分主要了解中国最古老的佛教圣地——"The White Horse Temple"。

Step 3: While-reading

1. Skimming

Complete the basic structure of the passage.

Part 1: General comment on the Imperial Tombs.

Part 2: Detailed introduction to the Tombs.

Part 3: Problems they face and preservation.

2. Scanning

Generally, what else can be done to preserve these historic sites?

a. Laws and regulations should be passed to...

b. It would be a good idea to arouse peoples awareness of....

c. We have no choice but to take as many ____ measures ____ as possible

设计意图：在第一个环节，学生对于中国有哪些历史遗址有了了解，这就为他们最后决定选择哪个历史遗址提供了参考。而在第二个环节，学生又明确了写一封建议信所应包括的几个方面和该类建议信的篇章结构。因此，这两个环节很自然地为学生探索如何完成这份建议信做好了准备。通过小组讨论、分工合作、信息检索、交流汇报等活动，学生将能用英语完成一封建议信，最后呈现了学习成果，创造性地完成了学习任务，培养了综合运用英语的能力。

Step 4: Post-reading

1. Group work: Which other historic sites need our protection here in Huaihua?

2. Writing a proposal on wind-rain bridge（芷江风雨桥）

The general comment of the wind-rain bridge：城市象征；4A景区；400多年历史；它是历史古迹和建筑艺术的完美融合

Some more detailed introduction：位于怀化市芷江县城；全长146.7米，宽12.2米，世界上最长的风雨桥；风景秀丽

Problems has it experienced：自然破坏，如自然风化（weathering）；人为破坏；酸雨，杂草……

Measures we can take：政府及时进行维修。我们还能做的事情有……

3. Present and enjoy students writings

设计意图：文本处理以体裁为切入点，将风雨桥的发展、现状用微课

的形式展现给学生，形象、生动、直观。为建议信的写作提供了很好的素材，实现了对阅读材料的补充，有利于写作活动的开展。在最后呈现报告的环节中，若没有足够的时间让每个小组都来汇报成果，可以让其余小组在下一堂课继续展示，这样每个同学都将得到锻炼的机会。

三、总结反思

在该教学案例中，教师进行了文本解读和挖掘，有目的性地引入微课资源，这样不仅能激发学生英语学习的兴趣，还能增强课堂教学的灵活性，丰富英语课堂的教学内容。本节课是把英语读、写的训练从课堂内拓展到课堂外的探究性学习课，旨在通过学生对阅读材料——中国最古老的佛教寺庙白马寺"The White Horse Temple"熟悉的基础上，使学生在积极参与读、写等一系列课堂活动的同时，了解佛教如何传入中国、白马寺的建筑风格及它在中国佛教史上的重要地位，以此引导学生探索历史遗址该从哪几个方面入手及该类文章的基本结构。然后根据具体的步骤，通过小组讨论、分工合作、信息检索、交流汇报等形式的活动，用英语完成一份报告：介绍怀化有影响力的芷江风雨桥（wind-rain bridge），最后呈现学习成果，创造性地完成学习任务，培养学生综合运用英语的能力，有效弥补了传统读写整合教学中的不足。

总之，充分利用微课，有助于促进英语教学改革，提高英语教学质量，把理想的教学变为实际的教学，实现课堂教学最优化，让高中英语教学的花开得更旺盛。

新高考阅读理解中的说明文解题策略探究

——以2021年新高考全国卷I阅读理解C篇为例

纵观近年英语高考阅读理解试题，说明文的比例越来越高，为了熟悉说明文的命题规律和导向，具备娴熟的应试技巧和应试策略，提高解题的准确度和速度，以2021年新高考全国卷I阅读理解C篇为例，对新高考阅读理解中的说明文解题策略进行探究。

一、说明文的特点

说明文是对事物或事理进行客观说明，通过解说事物或阐明事理，达到教人以知识的目的，在结构上往往采用总分、递进等方式，按一定的顺序（如时间、空间、从现象到本质）进行说明，专业术语多，解释性、定义性、说明性的句子居多，易于拉开考生分数档次。研究近五年高考阅读理解题中的说明文，其具有以下特点。

（一）分类

事物性说明文（解说实体事物，如仪器/产品/自然环境等）和事理性说明文（阐明抽象事理，如概念/科学原理/定律等）。

（二）题材

阅读材料主题语境主要包含人与社会、人与自然、人与自我。选材现代化、生活化、知识化，突出实用性与时代性。涉及科学科技/社会/文化等多个领域。如介绍科学领域的研究成果、产品的工艺或使用说明、自然或社会现象产生的原因及解决办法、人文地理等科普知识。

（三）考点

理解主旨和要义；理解文中具体信息；根据上下文推断生词的词义；做出判断和推理；理解文章的基本结构；理解作者的意图、观点和态度。

二、解题技巧及命题方式

第一遍通读文章时，明确每段话的主旨句，了解段落大意。首先，阅读过程中标记关键词：人名、专有名词、结论/对比/因果等；其次，梳理段落主旨句，掌握文章架构，体会作者写作目的及意图；最后，仔细阅读题干，判断题目与文章各个段落的相关性。二次精读时将选项代入对应段落，继而得出答案。说明文设问题型全面，如细节理解题/推理判断题/主旨大意题/猜测词义等，做题方法不同。

考点一：细节理解题

细节类问题一般能在原文中找到出处，但正确的选择项一般不与阅读材料的原文完全相同，常会用不同的句型表达相同的意思，或者进行同义词替换。在例证处设题，句中常用由for instance、for example、such as、as等引导的短语或句子作为例证，这些例句或比喻就成为命题者设问的焦点；在列举处命题，如用first(ly)、second(ly)、third(ly)、finally、not only、but also、then、in addition等表示顺承关系的词语列举出事实，要求考生从列举出的内容中选出符合题干要求的答案；对比用unlike、until、not so much...as等词语引导，常对用来对比的双方属性进行考查；在转折对比处命题，一般通过however、but、yet、in fact等词语来引导，无端的、相反的、偷换对象的比较，常出现在干扰项中，考生要标记并关注原文中的比较，才能排除干扰；在复杂句中命题，包括同位词、插入语、定语从句、不定式等，主要考查句子之间的指代关系和语法关系。

考点二：语意猜测题

说明文为了把事物的性质、自然规律等介绍清楚或把事理阐述明白，学术性强的生词较多，语意猜测题是必考之一。设问方式多为What is the meaning of the underlined word? 根据上下文来猜测某个陌生词语的语义，或找出某个词语在文章中的同义词。关注破折号、同位语从句、定语从句、插入句。认真阅读原文，分析某些科学原理是如何定义、如何解释的，并以此为突破口抽象概括出生词词义。说明文在阐述说明对象时易发生动作变换、人称转变，这类题目常以they、them、it等代词为命题点，因此要根据上下文语境，认真阅读原文，分析动作转换背景，弄清动作不同执行者，以便准确判断代词的实际指代对象。

考点三：主旨大意题

说明文常用主旨大意判断考查考生对文章的主题或中心意思的概括和归纳。命题形式常以What is the main idea of the passage? 或This passage mainly talks about _____为设问方式。答题时首先阅读题干，掌握问题的类型，了解题干以及各个选项包含的信息，然后有针对性地对文章进行扫读，快速定位相关信息，再整合、分析、对比相关信息，有根据地排除干扰项，选出正确答案。

考点四：推理判断题

这种试题设问方式为Which point of view may the author agree to? The author suggests that... The passage is intended to... The story implies that.../ From the passage we can conclude that... The purpose of the passage is to...这种题型的答案需要进行合理的推断。文中的一些用词、语气都具有隐含意义，要读出这种含义。观点态度题也是判断推理题考查的内容。说明文的对象为客观事实，但设题以议论的表达方式抒发对该说明对象的想法，如批判或赞赏，常见的题干表达方式有"What was the author's attitude towards..."等。

三、高考链接

2021年新高考全国卷I阅读理解C篇

When the explorers first set foot upon the continent of North America, the skies and lands were alive with an astonishing variety of wildlife. Native Americans had taken care of these precious natural resources wisely. Unfortunately, it took the explorers and the settlers who followed only a few decades to decimate a large part of these resources. Millions of waterfowl（水禽）were killed at the hands of market hunters and a handful of overly ambitious sportsmen. Millions of acres of wetlands were dried to feed and house the ever-increasing populations, greatly reducing waterfowl habitat（栖息地）.

In 1934, with the passage of the Migratory Bird Hunting Stamp Act (Act), an increasingly concerned nation took firm action to stop the destruction of migratory（迁徙的）waterfowl and the wetlands so vital to their survival. Under this Act, all waterfowl hunters 16 years of age and over must annually purchase and carry a Federal Duck Stamp. The very first Federal Duck Stamp was designed by J.N. "Ding" Darling, a political cartoonist from Des Moines, Iowa, who at that time was appointed by President Franklin Roosevelt as Director of the Bureau of Biological Survey. Hunters willingly pay the stamp price to ensure the survival of our natural resources.

About 98 cents of every duck stamp dollar goes directly into the Migratory Bird Conservation Fund to purchase wetlands and wildlife habitat for inclusion into the National Wildlife Refuge System-a fact that ensures this land will be protected and available for all generations to come. Since 1934. Better than half a billion dollars has gone into that Fund to purchase more than 5 million acres of habitat. Little wonder the Federal Duck Stamp Program has been called one of the most successful conservation programs ever initiated.

本文为说明文。主题语境是人与自然；内容是自然保护。文章介绍了美国联邦政府发布的《候鸟狩猎印花税法案》的背景及结果。

28. What was a cause of the waterfowl population decline in North America?

A. Loss of wetlands.　　　　B. Popularity of water sports.

C. Pollution of rivers.　　　D. Arrival of other wild animals.

本题为细节理解题。题干意为：北美水禽数量下降的一个原因是什么？A. 湿地损失；B. 水上运动的流行；C. 河流污染；D. 其他野生动物的到来。根据题干关键词 "waterfowl population decline" 定位文章第一段 "Millions of acres of wetlands were dried to feed and house the ever-increasing populations，greatly reducing waterfowl habitat"，成百上千万英亩的湿地被晒干，用来喂养和居住不断增加的水禽种群，大大减少了栖息地。可知湿地损失是水禽数量下降的一个原因，所以选A。

29. What does the underlined word "decimate" mean in the first paragraph?

A. Acquire.　　　B. Export.　　　C. Destroy.　　　D. Distribute.

本题为词义猜测题。题干意为：在第一段中画线的单词 "decimate" 是什么意思？A. 习得；B. 出口；C. 破坏；D. 分发。根据题干关键词 "decimate" 定位到第一段，根据画线词上句（美洲土著居民聪明地保护这些宝贵的自然资源）、画线词所在句中的 "unfortunately" 及画线词下句中的 "were killed" 可知这里是造成了不好的影响，画线词是 "破坏" 的意思。所以选C。

30. What is a direct result of the Act passed in 1934?

A. The stamp price has gone down.

B. The migratory birds have flown away.

C. The hunters have stopped hunting.

D. The government has collected money.

本题为推理判断题。题干意为：1934年通过的法案的一个直接结果是什么？A. 邮票价已经下降了；B.候鸟已经飞走了；C. 逮捕者已经停止捕猎；D. 政府已经筹集了资金。根据题干关键词"the Act passed in 1934"定位文章第二段第一句话"In 1934, with the passage of the Migratory Bird Hunting Stamp Act (Act), an increasingly concerned nation took firm action to stop the destruction of migratory（迁徙的）waterfowl and the wetlands so vital to their survival." 1934年，随着《候鸟捕猎邮票法》的通过，越来越多的受到关注的国家采取了坚定的行动，阻止对候鸟及其生存至关重要的湿地的破坏。"directly"对应题目中的"direct"，即猎人买邮票的钱直接筹集给了基金会，让他们有足够的资金建立栖息地。所以选D。

31. Which of the following a suitable title for the text?

A. The Federal Duck Stamp Story.

B. The National Wildlife Refuge System.

C. The Benefits of Saving Waterfowl.

D. The History of Migratory Bird Hunting.

本题为主旨大意题，题干意为：下列哪项适合作为本文的标题？基本上可以根据选项关键词来确定答案。A. "Federal Duck Stamp"联邦邮票的故事；B. "National Wildlife Refuge System"国家野生动物避难系统；C. "Saving Waterfowl"拯救水禽的好处；D. "History of Migratory Bird Hunting"候鸟捕猎的历史。根据文章最后一句"Little wonder the Federal Duck Stamp Program has been called one of the most successful conservation programs ever initiated."或根据原文经常或者反复出现的关键词可以得知，是立法，而法案的主题内容就是发行duck stamp，所以选A。

期末考试英语试卷命题分析

本次期末考试试卷由怀化市教科院统一命题，试卷总分150分，考试时间为120分钟。命题紧扣教材，主要考查牛津英语模块一1~4单元以及模块二1~2单元所学内容，考点知识源于教材，又聚焦高考，全面考查了学生听、读、写等方面的能力，既关注高考，又强调知识与能力并重。试卷选材上注重题材、体裁的多样性，所选文章内容贴近生活，贴近实际，具有时代感，体现了高中英语新课程的理念。

一、试题各部分命题分析

（一）听力

语速适中，用时约19分钟。材料多种多样，注重听力材料的真实性，以考查学生捕捉和处理细节信息的能力为主，同时考查学生根据关键信息进行推断的能力。考查获取事实性具体信息的14道题，对所听内容做出推断的6道题。

（二）阅读

阅读理解题的显著特点是题材多样，符合学生的知识面；从阅读的材料来看，阅读量较大，涉及的主题语境及话题较广。

篇章	涉及的主题语境及话题
A	主题语境：人与自我；话题：学校生活中难忘的一件事（贴近教材模块一Unit 1 Back to school）
B	主题语境：人与自我；话题：父母与子女的关系（贴近教材模块一Unit 2 Lets talk teens）
C	主题语境：人与社会；话题：运动与健康（贴近教材模块二Unit 2 Be sporty，be healthy）
D	主题语境：人与自然；话题：垃圾分类
七选五	人与社会：体重与基因的关系（贴近教材模块一Unit 4 Looking good，feeling good.）

（三）语言运用

1. 完形填空题

本篇完形填空选用的是记叙文，主题语境是"人与社会"，话题是"独特的毕业典礼"。主要考查了学生的三种能力：阅读理解能力；利用上下文线索进行分析和推理的能力；语言基础知识的运用能力。相对而言，完形填空题在整套试题中算稍难的部分，主要考查了名词，动词和形容词的用法。

题号	考查点	题号	考查点	题号	考查点
41	名词	46	形容词	51	动词
42	动词	47	名词	52	动词
43	动词	48	形容词	53	名词
44	动词短语	49	名词	54	形容词
45	动词	50	副词	55	名词

2. 语法填空题

主题语境是"人与社会"，话题是"友谊"，贴近教材模块一Unit 3 Getting along with others，主要考查考生对一些基本语法知识的掌握。

题号	考查内容	题号	考查内容
56	冠词	61	动名词
57	定语从句	62	词性转换
58	谓语动词	63	介词
59	代词	64	名词单复数
60	过去分词	65	动词不定式

3. 写作

（1）应用文写作

主题语境是"人与自我"，话题是"学校生活中难忘的一件事"，贴近教材模块—Unit 1 Back to school.

（2）读后续写

主题语境是"人与自我"，话题是"父母与子女的关系"，贴近教材模块—Unit 2 Lets talk about teens.

二、阅卷答题及分数分析

本次考试最高分144分，最低分2.5分，平均分68.32分，及格率26.66%，优秀率3.72%。

（一）试卷各大题得分情况统计

题型	听力 30分	阅读理解 37.5分	七选五 12.5分	完形填空 15分	语法填空 15分	应用文写作 15分	读后续写 25分
平均分	17.99	20.84	3.88	6.24	5.92	6.34	7.41
得分率	59.99%	55.56%	31.04%	41.6%	39.47%	42.27%	29.64%

从表中数据来看看，听力、阅读理解得分率相对高一些，七选五、语法填空以及读后续写得分率很低。学生语篇语境理解能力较弱，综合运用能力较弱。对于读后续写这一新题型，学生还需要加大训练力度，掌握相应的写作技能。

（二）各大题主要失分点及原因分析

1. 听力

题号	1	2	3	4	5
得分率	89.13%	41.13%	57.49%	46.38%	40.04%
题号	6	7	8	9	10
得分率	49.38%	48.12%	72.27%	65.2%	71.6%
题号	11	12	13	14	15
得分率	47.32%	74.68%	56.97%	51.73%	79.75%
题号	16	17	18	19	20
得分率	81.05%	62.01%	42.61%	69.8%	53.17%

该大题中得分率低的题目有第2、4、5、6、7、11、18题。除了第6题是具体信息题外，其余6道题均为推断题，从失分点可以看出学生根据关键信息进行推断的能力还很弱。以后的听力训练要加强方法的指导，加强培养学生预测、捕捉和分析关键信息的能力。

2. 阅读理解

题号	21	22	23	24	25
得分率	94.04%	85.96%	56.04%	79.03%	62.61%
题号	26	27	28	29	30
得分率	45.43%	53.59%	52.4%	52.22%	40.5%
题号	31	32	33	34	35
得分率	54.36%	38.90%	13.83%	26.46%	69.57%

该大题中得分率低的题目有第26、30、32、33、34题。

第26题是推断写作对象题，学生容易选C，没有关注文章最后一段最后一句话：You can also make up some short stories of your own and spend some quality time with your kids.

第30题是事实细节理解题，解题关键在文章最后一段，可用排除法排除A项、B项和C项。

第32题是事实细节理解题；第33题是词义猜测题，得分最低；第34题是推理判断题。这三道题都来源于文章D篇，这篇文章是一篇说明文，词汇量大，专业术语多，学生难以读懂。

3. 七选五

题号	36	37	38	39	40
得分率	22.44%	41.13%	25.46%	27.12%	39.14%

这篇文章整体得分率都很低，学生没有读懂文章的主旨，对细节句、过渡句、扩充句的逻辑关系把握不清。

4. 完形填空

题号	41	42	43	44	45
得分率	53.69%	29.73%	38.09%	26.83%	51.34%
题号	46	47	48	49	50
得分率	55.77%	19.06%	44%	46.64%	41.15%
题号	51	52	53	54	55
得分率	20.8%	31.93%	60.09%	57.1%	40.79%

该大题中得分率低的题目有第42、43、44、47、51、52、55题。除了第47题考查名词、第51题考查副词外，其余得分低的选项考查的均为动词。部分学生语境理解出现了偏差，以至于出现了一连串的错误。学生语言基础知识积累还不够，通过上下文捕捉信息及处理信息的能力还有待加强，同时还需对学生进行方法与技能的指导，还要关注一词多义、熟词生义的用法。

5. 语法填空

该大题得分低，得分率仅仅为39.47%，说明学生的语法知识掌握得不扎实，对语言知识不会灵活运用。

6. 应用文写作

该大题得分率为42.27%，知识运用能力不过关，出现基本的时态、语态、主谓一致错误；使用句式简单，许多学生书写不够认真，布局不合理。

7. 读后续写

该大题得分率为29.64%，失分的主要原因是学生阅读量和社会生活阅历有限，读不懂原文，无从下笔，或者审题不清，所写作文不符合故事情节；学生词汇量不够，不能形成英语思维；卷面不干净，喜欢涂改。

三、后阶段的建议和对策

（一）加强语言基础知识积累

在平时的词汇教学中，抓重点单词，特别是动词的教学，适当扩充该词的其他相关用法，增补一些与课文有关的新词或有用的词汇。加强语言知识（语法和词汇）的灵活运用，必须结合具体语境，倡导在语境中教学，在语境中学习，在语境中运用。

（二）着力培养阅读能力

加强"听、说、读、写"综合运用，侧重培养阅读能力，开阔视野、丰富语言知识、扩大词汇量。让学生多掌握一些英语文化背景知识，适当加大学生的语言材料输入量，扩大阅读量和拓宽知识面，培养学生的阅读理解能力，加强阅读策略的运用，同时引导学生逐步提高阅读速度，培养学生分解和整合信息的技能，从而提高阅读理解水平。

（三）落实写作常规教学

加强写作教学，从基本句型，常用单词、词组的用法入手，加强单句翻译，并结合具体语境判断使用适当的单词、词组和基本句型；背诵名篇时文及常用的应用文模板；加强特殊句式的背诵与仿写；介绍常见体裁的写作技巧，常见题材的相关句型句式，并且选用相关连接词，使文章显得语句恰当，结构清晰，连贯流畅。务必落实读写结合训练，加强输出能力的培养。

（四）注重学习方法指导

高一起始阶段，要采用形式多样、内容丰富的阅读材料和介绍比较适合学生的好方法、好措施、好做法，来积极引导学生逐渐对英语学科产生兴趣，增强他们学习英语的信心。

M11 Unit 4 Reading My university life 教学设计

【教学目标】

（一）知识与技能

After learning the reading, the students will be able to：

1. Gain some information about living and studying at a university in Canada.

2. Practice and reinforce their reading comprehension and improve their overall ability, critical thinking ability.

（二）过程与方法

1. Talking to improve the students speaking ability.

2. Practice to get the students to master what they've learned.

3. Interacting to make every student join in discussion and activities.

（三）情感态度与价值观

1. Advocate a positive attitude towards university life.

2. Encourage students to work hard to enter their dream universities.

3. Cultivate students national and cultural confidence.

【教学用具】

multimedia, blackboard, ipad.

【教学重难点】

Improve the students' reading ability by reading the passage and write a speech.

【教学过程】

Step 1: Brainstorming

1.Watch a short video about University Oxford and focus on what is it about.

2. Ask the students a question.

Q: Have you ever thought of studying abroad after graduation from senior high school?

Study abroad? VS study in China?

Why?

(to arouse students' interest and try to create a relaxing and comfortable atmosphere for the students, and lead in the topic)

Step 2: Read for gist

Skim each paragraph, underline the topic sentence and then fill in the following blanks.

(This task has been previewed before class, so only check the answers.)

Part 1	(Para.1)	Purpose of writing this article
Part 2	(Para.2)	Preparations before leaving
Part 3	(Paras.3–6)	Adjustments to his new life
Part 4	(Paras.7–8)	His university life in Canada
Part 5	(Para.9)	Advice to readers

(to enable students to get basic information，develop students ability to summarize and check students understanding of article by reading it and filling the chart before class)

Step 3: Read for details

1. Read Part1 and answer the question:

Q: What's the purpose of writing the article?

To give readers a quick preview of what to expect from university life.

Tip: Pay attention to para 1 to get the purpose or main idea of the passage.

2. Read Part2 and answer the questions：

Q: What did he need to do to prepare for university?

Decide which university to apply to.

Decide what course to study.

Get a passport and visa to study abroad.

Choosing a university abroad could be different.

3. Read Part3 to find out the answers to the following exercises：

What adjustments have been made to get used to the university life?

Adjustments to: Being away from his family

Getting used to Canadian food

Learning to cook

Doing laundry

putting some money away

He has become more independent.

4. Read Part4 and finish the following exercises：

（1）What do you know about Qin's dormitory?

partly furnished /with no bathroom/a basin/a hook for a towel/a small kitchen.

（2）How do Canadian university students spend their free time?

They have a lot of free time for personal study, playing sports or just relaxing during the day.

Moving to Canada for higher education has been exciting, but he has been very busy.

5. Read Part5

What advice does the writer give to students planning to study abroad?

（1）Look forward instead of backward.

（2）You should not be afraid, just dive right in.

（3）Prepare and think ahead.

(to check students' reading comprehension and improve their ability to find specific information)

Step 4: Read for reflection

1. Let the students reflect what they have learned from the article.

2. Discuss which one to choose, to study abroad or study home.

3. Ask the students to write down the advantages of studying abroad or studying home when they are discussing and let some students speak them out .

(to cultivate students' ability of comparative thinking, cooperation spirits and awareness of cultural confidence)

Step 5: Read for writing

1.Write a speech about going to university abroad or home according to the structure, using some useful expressions in the text and what they have discussed. And pay attention to the following factors：

knowledge   culture   surroundings facility   expense

Good afternoon, ladies and gentlemen! I'm glad/honored to give a speech about going to university abroad/home...

Going to university abroad/home has many advantages/disadvantages. Firstly. Secondly. In addition/Moreover. On the other hand, ...

As far as I'm concerned, In spite of these，the advantages/disadvantages outweigh the disadvantages/advantages. I prefer to attend university abroad/ home.

2. Give one sample and let them read it loudly. And have them pay attention to the expressions in red which are from the text.

Good morning, ladies and gentlemen! I'm honored to give a speech about studying abroad after graduating from senior high school.

Going to university abroad has many advantages. Firstly, studying abroad will help me handle being away from home, which makes me more independent. Secondly, it is a unique opportunity for me to learn more advanced technology and experience different cultures. In addition, while studying abroad for higher education, I will have a lot of free time for personal study, sports or just relaxing during the day. On the other hand, going to university abroad is an adventure that will challenge me to overcome difficulties on my own.

As far as I'm concerned, studying abroad also has some disadvantages. In spite of these disadvantages, the advantages outweigh the disadvantages. I prefer to choosing a university abroad.

3. Ask some students to come to the front to give a speech.

(to train students ability of writing and oral expression and check if they have mastered the useful expressions they have learned)

Step 6: Critical thinking

Q: Have you ever thought of working abroad after graduation from university?

Work abroad? VS work in China?

Why?

(to advance students' critical thinking, strengthen emotional education and patriotism education, cultivate students' national and cultural confidence and further arouse the students to study hard and serve the motherland)

Step 7: Homework

Finish Reading A and B on Page 122 and 123.

【板书设计】

M11 Unit 4 Reading

My university life

【教学反思】

At the beginning of class, I prepared a short video about University Oxford to help create a more relaxing and comfortable atmosphere for the students to follow me and lead in the topic. As a whole, my whole teaching procedure is based on the following parts: brainstorming, read for gist, read for the details, read for reflection, read for writing and critical thinking. My teaching ideas are clear and I focus on input and output.Most important, I tried to strengthen emotional education, patriotism education and national and cultural confidence to further arouse the students to study hard and serve the motherland. Meanwhile, most of my students were active in activities or discussion.In the future teaching, more attention will be paid to them to motivate them to grasp four skills so that they can keep great interest in English learning.

A Red, Red Rose教学设计

【教材分析】

本节课的内容是赏析 "A Red, Red Rose"《一朵红红的玫瑰》，这是著名诗人罗伯特·彭斯根据苏格兰民谣创作的优秀抒情短诗。全诗以意象火红玫瑰开头，鲜明形象地展示了恋人的美丽，表达了诗人对真挚爱情的热烈歌颂，同时反映了劳动者朴实而深厚的情感。彭斯巧妙借用语言、诗篇特点，以及丰富的修辞手法，用简洁明快的语言表达了自己对所爱之人纯真的爱恋及其朴素、纯洁的爱情观：无私、永恒、相濡以沫。

【学情分析】

高中学生已经有一定的英语知识体系和英语语言基础，包括各种体裁的文本。因为课内课外接触的文本多数是说明文、记叙文以及议论文，学生对于诗篇有一定的了解但仅限于基本认知。在对诗歌的赏析中，学生的知识是比较匮乏的，诗歌的写作就更加陌生了，但是高中学生思维活跃，学习能力和模仿能力都是非常强的。

【教学目标】

1. 语言能力目标：学生通过赏析本节课的诗篇可以了解到英语诗篇的押韵方法，以及比喻、排比、夸张等修辞手法，并写出一首简单的诗篇。

2. 文化意识目标：学生通过朗读英国诗人的诗歌感受西方人朴素、纯洁而又浪漫的爱情观，同时培养对老师和家人的爱。

3. 思维品质目标：学生通过小组合作探究创作诗篇激发了创造力；通过对同学的作品进行评价培养了批判性思维。

4. 学习能力目标：学生通过赏析诗篇总结归纳诗篇的写作技巧；通过合作探究方式自主创作一首诗。

【教学重难点】

教学重点：

（1）引导学生从主题、韵律、修辞等角度去欣赏诗歌。

（2）带领学生感受英语诗歌语言的美好及其体现出来的创作者的生活和感情。

教学难点：

（1）领会诗歌的鉴赏方法及写作技巧。

（2）激发学生独立思考，并合作探究完成一首以家人或者老师为主题的诗。

【教学方法】

自然引入法、示范讲解法、小组合作探究、迁移教学法。

【教学工具】

多媒体、玫瑰花、教学贴贴纸、思维导图。

【教学过程】

Step 1: Lead- in

Activity one: Greeting.

Activity two: Perform a magic, and let watch the performance.

I have a special gift for you. Look, what's this? A red rose. Do you want it? Try to perform your best and then it is yours.

（利用变出玫瑰花这一魔术，既激发学生的兴趣也很自然地引出诗"A Red, Red Rose"，并且告知学生表现最佳即可获得玫瑰花。）

Step 2: Present

Activity one: Read the poem "A Red, Red Rose" and ask "What's the topic of the poem?"

Activity two: Show the words "June" "tune"；"I" "dry" and ask "What kind of skills are used? Any other similar words are used in this poem?"

Activity three:Find out other writing skills used in this poem.

1. "is like, is like"

2. "O, my love... O, my love..."

3. "Till all the seas go dry...O I will love you still..."

Activity four: Summarize the writing skills of poems.

（伴随音乐欣赏这首诗，让学生发掘这首诗的主题。同时通过关键词展示总结这首诗中用到的押韵韵律，比喻、重复和夸张等修辞手法，进行可理解性输入。同时为本节课的任务输出搭好语言知识脚手架。）

Step 3: Practice

Activity one:

1. Show the picture of a candle and ask students to write sentences with writing skills of repetition and simile.

2. Show the picture of a tree and and ask students to write sentences with writing skills of repetition and simile.

（利用蜡烛和树图片提示，回顾本节课所学写诗技能，模仿并写句子组成一首诗。巩固所学语言知识同时开发学生的想象力，培养学生的思维能力。）

Step 4: Produce and present

Activity one:Ask students to write one poem to the family or teachers. One group one poem.

Activity two:

1. Ask some volunteers to present their poems.

2. Invite other groups to Make assessment on the poems.

（①学生通过小组合作探究，运用本节课所学语言知识，激发创造力，写出一首给老师或者父母的诗篇，既培养学生的思维能力也加深学生对于老师和家人的情感。②通过赏析同学的诗篇，巩固学生对于诗篇的认知。评价诗篇可以培养学生的批判性思维能力，实现教学评一体化。）

Step 5: Sublimation

Activity one: Give the rose to the best group.

Activity two: Summarize this lesson.

Ok, boys and girls, today we appreciate a very beautiful poem about love. And we can also express our love in our daily life by listening, observing, valuing, expressing. I hope that all of you never forget to give thanks to the people who love us.

（把玫瑰花奖励给得到星星最多的组，首尾呼应，进行课程闭环。最后进行思政教育，鼓励学生通过listening、observing、valuing、expressing来表达爱。）

【板书设计】

A Red， Red Rose

Writing skills: topic rhyme simile, repetition,exaggeration

listening, observing, valuing, expressing

【教学反思】

At the beginning of class, I used the magic of the Rose both to arouse the interest of the students and naturally lead to the poem "A Red, Red Rose". And the students were told that they would get the rose for their best behavior.

Starting with the image of the title, I led the students to predict the theme of the poem and enjoy the poem with music to discover the theme of the poem. At the same time, the key words show and summarize the rhetorical devices used in this poem, such as rhyme, metaphor, repetition and exaggeration. To make comprehensible input, I set up the language knowledge scaffolding for the task output of this lesson, Using the candle and tree picture prompts, reviewing the poem writing skills learned in this lesson, imitating and writing sentences to form a poem. To consolidate the language knowledge while developing students imagination and cultivating students' thinking ability, I let students use the language knowledge learned in this class to stimulate creativity through group cooperation and research, and write a poem for teachers or parents, which not only cultivated students' thinking ability but also deepened students' emotions for teachers or family members. To strengthen students understanding of poems by appreciating students' poems, Evaluating poems was adopted to cultivate students critical thinking ability and realize the integration of teaching evaluation. I tried to give the rose to the group that gets the most stars, starting and ending with each other to loop the course, but I gave it to monitor. Finally, ideological and political education was carried out to encourage students to express love through listening, observing, valuing and expressing. As a whole, my whole teaching procedure was based on the following parts: lead in, present, appreciate, practice, produce, present and Sublimate. My teaching ideas were clear and I focused on input and output. Most important, I tried to strengthen emotional education to further arouse the students to learn to express love to the people who love them and they love. Meanwhile, most of my students were active in activities or discussion.

In the future teaching, more attention will be paid to them to motivate them to grasp four skills so that they can keep great interest in English learning. I also will reflect the core quality of the subject in my English teaching.

第四章

在总结教育经验的
同时展望未来

成效、思路与期望

尊敬的领导、同仁：

上午好!

2012年，我校根据县委县政府、教育局有关文件精神，创办了康龙班，一学期来，我校康龙班在县委县政府的关怀下，在县教育局的直接领导下，在社会各界的关爱下，教学管理工作初具成效，产生了良好的社会效益。现就一学期来的工作汇报如下。

一、基本情况

2012年6月，我校承办中方县首届康龙班，录取康龙生60人，设立两个康龙班。6月18日，在我校多媒体教室举行了简朴而隆重的首届康龙班开班典礼，县教育局的领导出席了开班典礼并就如何办好康龙班做了重要指示。7月，学校组织康龙生分两批赴北京参加"我到北京上大学"夏令营活动。我校倾心打造"康龙班"品牌，高度重视康龙班的教学工作，挑选了十多名学科带头人担任教育教学工作，确保康龙班的教育、教学、生活管理工作扎实。

二、经济保障

康龙生入学后，享受上级规定的有关减免和补助待遇，如书本费、住宿费、校服费、保险费、生活用品购置费、学习资料费和部分伙食费等。为了改善康龙班的办学条件，学校对康龙班的桌椅以及教室的多媒体设施全部进行了更换，确保每位康龙学生都能有一个良好的学习环境。由党支部制定具体措施，组织中层以上领导干部、党员和康龙班教师开展"一帮一""多帮一"结对子活动，帮助解决"康龙班"学生日常生活困难，根据学生需要情况帮扶学习用品、生活用品等。

三、做法与成绩

（一）加强教学工作，确保教育质量

（1）配备学校师德高尚、能力较强、业绩突出的优秀教师负责"康龙班"各科教学任务。

（2）确定"康龙班"教学培养目标，对每个学科的教学实施目标管理，确保各科均衡发展和班级整体提高。

（3）制定具体的"康龙班"教学工作计划和每个学科详尽的教学计划、教学策略。

（4）针对学生的不同学习状况，建立《中方一中"康龙班"学生学习跟踪档案》，动态关注学生的学习进步历程。

（5）根据大多数学生来自农村、英语学习基础相对薄弱的特点，组织英语教师对康龙班学生进行单独强化辅导，尤其是提高口语和听力的辅导。

（6）在市调研考试中，康龙班各科的均分、优秀率、及格率均处于全市领先位置。800分以上两人；单科成绩突出：胡敬霞语文84分位居怀化市第一，汤宇航数学98分怀化市并列第三，姚钦云英语97分怀化市并列第三，曾艳政治94分怀化市并列第二，黄露叶历史99分怀化市并列第二，杨超凡、陈前物理100分位居怀化市第一，杨烨华化学100分位居怀化市第一。

（7）在学科竞赛中，康龙生也表现突出：在学校英语演讲比赛中，黄

露叶获特等奖，陈前、唐玉君获二等奖；在学校征文大赛中，陈前、危小妹获一等奖，唐玉凤、唐洁获二等奖。

（二）以活动为载体，促进全面发展

（1）组织专题入学教育，制定了中方一中康龙班班级目标：我一定要到北京上大学。制定了康龙班班级口号：康龙康龙，谁与争锋；康龙康龙，力挫群雄。

（2）通过一系列主题班会和教育活动，不断提高学生的思想政治觉悟，使康龙班学生真正认识到党和国家对他们的关心爱护，社会主义的优越性和社会主义大家庭的温暖，帮助这些学生树立信心，树立为中华振兴而读书的远大志向。

（3）教育学生养成勤俭节约的行为，发动康龙班学生通过捡拾可利用废弃物等，鼓励学生自强自立、自力更生。

（4）充分利用康龙班的优势，发挥康龙班受助学生榜样、典范的作用，挖掘康龙班学生中的典型事例，通过班团会、国旗下演讲、事迹报告会等活动，对学校其他学生进行自立自强、艰苦奋斗、吃苦耐劳、刻苦钻研、奋发向上等精神的教育。在全校学生中形成努力学习、关爱他人、关心社会的氛围，促进刻苦学习、不甘落后、追求卓越的良好学风和不慕奢华、鄙视虚荣、勤俭节约、团结互助、互敬互爱的良好校风的形成。

四、今后的办班思路

（一）要把康龙班办成新兴发展的实验班

我们要全面实施素质教育，以人为本，科研兴校，要为孩子的发展制定近期、后期两个目标，为他们制订针对性强的教育教学计划，做到因材施教。

（二）要把康龙班办成好学上进的示范班

这些孩子都肯学习，渴望有个理想大学深造，我们的老师会以最好的精神状态、最优的教学水平投入教学中去，帮助他们提高成绩，成功圆梦，同时要营造拼搏进取、奋发有为的氛围。

（三）要把康龙班办成全面发展的优秀班

我们不仅要让他们人人升上重点大学，还要让他们全面发展，要组织他们开展各种社会实践活动，丰富生活阅历；推行研究性学习，培养综合能力；开展文体活动，增强体质，娱悦身心。要让他们懂得知恩图报，懂得去关爱别人，体会其中的快乐，从而感受到自己是如何深受大家的呵护、党和政府的关爱。总之，促使他们不仅要学习好、身体好，而且品行好，成人成才。

五、意见与建议

（1）建议教育局成立康龙班招生工作小组，确保我县优秀学生全部进入"康龙班"。

（2）建议上级部门按时拨付"康龙班"办学经费。

我们相信，在县康龙基金办和教育部门强有力的领导和支持下，中方一中康龙班定会办出特色，办出水平。

精准施策推教研，靶向发力促提升

——在学校教研工作会议上的发言

教研工作是学校教学的灵魂工作。"教而不研则愚，研而不教则虚。"教乃研之基础，研乃教之利器，教研工作是平衡教师专业发展的经纬，可以推动教师专业水平的提高，进而提高学校的教学质量。开展教研工作，要立足学校实际，在日常教学中要精准施策。

一、假他山之石，琢淳璞之玉

大力推行"走出去、请进来"的教研交流策略。定期请外面的专家来校传经送宝，开阔老师们的视野，同时又把老师们送出去学习，内外兼修，老师们的教学功力提升迅速。

二、青取之于蓝，而期青于蓝

落实"青蓝工程"，为青年教师指引发展方向，为他们的成长保驾护航，帮助青年教师快速成长。师徒结对定期开展"同课异构"、汇报课等教研活动，形成常态化磨课评课、交流反思，既形成了浓厚的科研氛围，又收到了教学相长的效果。

三、名师以引领，研究助发展

名师工作室是点的凝聚、线的延伸、面的辐射，可以夯实底盘、内化结构、共享智慧。发挥名师工作室效应，利用工作坊等平台，定期开展主题教研活动，成员们各有分工，合作探究，智慧碰撞，让每一位教师成员都能在教研活动中学有所获，迅速成长。

四、建言立论，共享智慧

向身边的"优秀"学习，每周固定时间开展教研论坛，每期邀请一位学校的老师开讲，或是做课题，或是写论文，或是教学理念的探讨……老师们经历虽不同，但满满的干货总能让人学到东西，其他教师或模仿实践或反思自己的工作，教研效果真不是一般的好。

五、优化课题，科研引路

大力支持教师做课题，营造良好科研氛围。教研处除发布课题各项通知外，还培训指导教师做科研课题，做好服务工作，形成良好科研氛围。教学实际中问题即课题，教学即研究，成长即成果。我们要让教研落地，以教促研，以研促教，一定能实现"科研兴校，质量强校"的目标。

促进教育高质量发展的思考与实践

各位领导、各位同仁：

大家好！

很荣幸能够站在这里和各位专家与同仁分享教育理念。在全国教育大会上，习近平总书记进一步提出了"加快推进教育现代化、建设教育强国"的新要求，他指出"我国正处于历史上发展最好的时期，但要实现'两个一百年'奋斗目标、实现中华民族伟大复兴的中国梦，必须更加重视教育，努力培养出更多更好能够满足党、国家、人民、时代需要的人才"。可见，深化教育改革创新，加快教育强国建设已是当务之急。关于如何提高教育高质量发展，我谈几点体会，权当抛砖引玉。

一、尊师需师懿，重教需教强

野芳发而清风自来，教师要受到尊重，教育要受到重视，自己就需要自重，教育就要强大。建设高水平的教师队伍，必须提高教师队伍的总体素质和专业化水平，做好教师培养和培训工作，强化师德师风建设，加强专业能力建设。每个教师都严格要求自己，杜绝损害教师形象的一切行为，做人民满意的教师，尊师重教的风气自然就浓厚了。要优化教师队伍结构，深化学校人事制度改革，完善教师准入、招聘、交流和退出机制，改革教师职称和考核评价制度，科学合理配置教师资源。要提高教师地位，不断提高教师生活待遇，大力营造全社会尊师重教的氛围，增强教师职业的吸引力和广大教师的归属感与荣誉感。

二、转变发展方式，培养高质量人才

完善的教育体系和高水平的人才培养体系是教育强国的重要内涵。完善教育体系，要坚持德育为先，德育、智育、体育、美育、劳动教育五育并举、全面发展，重视学生综合素质培养，克服片面追求某一或某几方面教育的现象。教育质量，它不仅仅指升学率，还指培育人才的质量，提高教育教学质量需要转变理念、方式。我校非常关注学生的综合素质的培养，开展的特色课程有利于学生体、美、劳的发展。比如最早开设游泳课，周五下午的校本课有趣又轻松，深受学生欢迎，学校用一层楼打造心理学基地，除了本校的心理学教师给学生心灵减压外，学校还和清华大学合作，清华大学每年派专业教授来带学生深度学习，非常受学生的欢迎。我们也在不断开创新的课程，让学生幸福快乐成长。

三、与时俱进迎改革，转变观念求发展

当前正值新高考改革重要时期，我们的教材大换血，对老师和学生都提出了更高的要求。面对新形势、新教材，教师首先要研究所教学科的课程标准，通过对所教学科课程标准的研究，教师能够熟悉所教学科的课程性质、目标、内容框架、教学和评价要求；并且能够对这些方面有自己的理性认识、提出个人见解；了解课程标准所提出的知识与技能、过程与方法、情感态度与价值观等内容的基本要求，并且对其科学性、可行性做出评价；学会对课程的知识技能、科学方法、实践创新与情感态度、价值的有效渗透，达到课程内容综合、整合的效果。其次，教师要从整体设计高度、从学科知识技能整合角度、从知识技能的体系编排审视教材、灵活运用教材。最后，教师要转变教学观念，提高自身业务能力。面对新事物

的出现，我们应有一种迎接挑战的主动精神，及时转变个人观念，适应改变，提升自己来应万变。

以上拙见若有不当之处，还请各位专家与同仁指正！我的发言完毕，谢谢各位！

聚焦多元化研修方式 促进教师CORE
能力发展

——基于湖天中学教师队伍发展实践研究

尊敬的各位领导、同仁：

大家好！

百年大计，教育为本；教育大计，教师为本。中共中央、国务院《关于全面深化新时代教师队伍建设改革的意见》指出，要"全面提高中小学教师质量，建设一支高素质专业化的教师队伍"。《普通高中课程标准（2017年版）》为高中教师明确了"为党育人""为国育才"的着眼点，即明确"培养什么人、怎样培养人、为谁培养人"这个当代教育发展的根本问题，力求打造一支专业强、底蕴深、为未来而教的高中教师团队。

一、"CORE"能力发展方式

基于学校发展目标及教师队伍发展需要，学校提出教师"CORE"（核心）能力发展方式。"CORE"能力指的是高中教师需要具备的四个能力，即Competency（胜任力）、Ownership（担当力）、Reach（影响力）、Enjoyment（悦教力）。

（一）以训下沉，提升胜任力

1. 加强师德师风培训，树立良好师德形象

作为一名高中教师，要能胜任当下的工作，就必须具有胜任能力，即树立师表形象是开展教育教学的基础。2023年，学校继续推进师德师风建设，师德师风专题学习，师德师风建设之典型案例警示教育大会，观看师德师风专题电影，同时对师德楷模、优秀教师进行宣传推广。在每一次学习中，学校教师基本能端正态度，认真学习，并在工作中严格要求自己，为学生、为家长、为社会树立良好的师德形象。

2. 教师专业知识更新培训 提升教师专业素养

扎实的专业功底是开展教育教学的前提。教师专业素养、教材解读能力、教学设计能力、高考试题洞察能力等都是一个高中教师的基本功。另外，教育教学改革的深化、新的教学问题的萌发、教学前沿的新方向等，都需要我们教师形成终身学习的理念，从而长期具备胜任能力。因此，学校加强教育理论及专业知识更新培训，引导教师提升高中教师应具备的专业能力。

（1）外出学习，考察培训。

参加高层次的学术交流，与市内外名优教师研讨、切磋教学技艺。

（2）外聘专家，开阔视野。

2023年8月底聘请了宋德发（湘潭大学）、唐芳（怀化学院）、王新堂（怀化党校）来校做专题讲座。

（3）内部挖潜，择本校之能，训本校之师。

充分发挥学校那些实践经验丰富、理论水平较高的各级骨干教师的带头示范作用。我校校本研训以"湖天名师讲堂""湖天讲堂"活动为载体，以案例教学、典型报告为基本形式，开展"教研论坛""德馨论坛"，围绕新课程的实施，结合课堂教学，进行教学方法和教育科研基本方法的研修，以德育人，积极引领教师向"研究型、学者型、专家型"

教师转化。同时，大力开展读书活动，使广大教师爱学习、爱教育、爱学生，做到忠于党和人民的教育事业，做到以"学为人师，行为示范"为准则，努力打造名师、学科带头人、骨干教师和优秀教师群体，发挥其榜样示范作用。

（4）调整培训格局，开展教研"三新""四新""六新"系列微讲座/分享。

"六新"——新课程、新教材、新高考、新课堂、新课标、新评价。2023年各教研组分别围绕各学科的"核心价值""素养能力""情境载体""批判性思维""深度学习""大概念及单元主题教学""微专题""学科内研究性学习""学科内德育目标达成"及"本学科需要统一思想进行阐述的观点"等十个主题，以大量实验数据和高考试题，结合新课标、新教材、新高考、新课堂，从是什么、为什么、怎么做等多个方面进行研究，在组内开展微讲座。

（5）加强网络培训，实现资源共享。

为促进教师的自我学习，学校购买了学科网、橡皮网、明德云以及长郡网校网络资源，开阔教师的学习视野。教研处发起建立了湖天中学教研组备课组群"湖天名师群"；各学科组（备课组）也建立了群，如语文组的"湖天文人"、英语组的"HTET"、历史组的"团结进取"等，教研处随时将各类通知或学校工作安排传达给各教研组组长，使学校各项工作效率化，各学科组也可以通过网络随时共享各种优秀资源，促进了教师的互助成长。

（二）以课促学，展示担当力

为确保学校实现对教师的最优化培养，全面提高教师的担当力，学校落实"课堂教学能力培训，培养教师课堂观察力，致力于提高课堂教学效益"。

1. 开展领导推门听课活动，加强教学督导工作

我校中层副职以上领导，分成四个小组，由校领导带队开展推门听课活动，领导跟踪听课，深入教学一线，并与教师交换意见，共同研讨，解决教学问题。

2. 开展"五课"活动，强化课堂教学研究

为了更好地推进新教材的实施，学校强化对课堂教学的研究，针对新教材改革中的疑难问题，培养教师课堂观察力，学校开展"五课"活动，即学科带头人示范课、骨干教师研讨课、优秀教师展示课、青蓝工程汇报课、新进教师公开课，此活动覆盖了教师各个层面，起到了辐射、引领、推动作用，提升了我校青年教师的成长速度；同时，"五课"活动以教材为蓝本、以高考专题为方向，切实提高课程实用性，在评课过程中，着重对接新高考的变化，加强学科核心素养。

3. 开展赛课活动，催化教师成长

积极组织开展丰富多彩的赛课活动。2023年上学期，为催化教师的成长，学校开展常态化教学比武课，2023年开展了两次片段教学比武，并且积极参加省市各项竞赛活动，学校形成"我会上""我能上""我来上"的良好局面，培养他们向"高峰"发展的愿望。

4. 开展校本课，激发教师开发校本课程能力

我校校本课程开发以提升学生素质为出发点，以满足学生个性发展和全面发展的需要，为学生的终身发展奠定基础。2021级每学期开设校本课20门，2022级开设校本课18门，2023级开设校本课16门。2022年上学期，高2021级和2022级共同开设了33门校本课程与社团课。其中，"玩数学游戏，训练数学思维""舌尖上的化学""幸福课——积极心理学"等课程深受学生喜爱。校本课中既有传统的烹饪、游泳课、美术、音乐等锻炼专业技能的课程，又有开发学校现有资源的课程，如地理组"室外实践的奥妙"以学校环境为主，带领学生探究学校的植被，画出校园规划总平面图，生物组带领学生认识学校的植物，给每一种生物挂牌推广给全校学生植物知识。还有学科融合的校本课，如"生物地理""舌尖上的化学"等，既有趣又有深度，寓教于乐，深受学生喜爱，走出课本之外，又深化课本知识，大大锻炼了孩子们的实践能力和知识视野，在今天情境化考查学科核心素养的考试背景下，孩子们的解题能力、动手能力、学科核心素养得到显著提升，同时，激发了我校青年教师的快速成长。

（三）以研联动，延伸影响力

我校是"省教师培训基地校"，2022年继续承担"市培计划"信息技术2.0整校推进培训，怀化市高中新高考命题地理、英语学科研修，以及农村中小学篮球教练员培训任务。2023年还增加了数学、物理两门学科的市培任务，在2023年市培活动中，我校共有25人承担示范课，研讨课，同课异构以及课例分享，2023年湖南省市县青年骨干教师工作坊高端研修项目——高中英语（S110-8）以及高中语文（S111）跟岗研修活动在我校进行，我校共有9人承担示范课、研讨课、同课异构以及课例分享等任务；我校省级名师工作室、两个市级名师工作室及市培研修活动会邀请专家、顾问等来我校开展讲座等研修活动，与此同时，各县区教研组组长、骨干教师等受邀进行工作室访问学习，以此搭建交流平台，以优质资源带动我校教育的发展，促进了我校教师的专业化成长，助力我校教育教学质量的提升，延伸了教师个人的影响力。

（四）以文致知，保持悦教力

热爱是一切能动力的源泉。教育是一份超越功利的事业，教育情怀是教师专业发展的血液，缺失情怀，即便见识高、学养深、成果丰硕也难入大境界。为此，学校要求每一位教师拜读教育领域的名家名师之作，陶冶自己的教育情怀，做到心中有专业、有学生、有社会、有国家，悦于教学，让使命和生命同行。为此，学校将读书活动融入教学生活中，开办读书分享会等活动。

多读书，是一种积淀的过程，那么多撰文，则是创生的过程。教师发展的必经之路，便是需要用文字去表达、去反思自己的教育教学，学校专门编撰了《我的教育故事》，一篇篇文章呈现了一个个精彩动人的教育故事，展示了鞭辟入里的教育教学反思。

加强课题校本培训，发展教师科研能力。以课题实验为突破口，用"五课"形式推动校本研修的发展，请专家进行课题理论指导，在校内开展微课题讲座，力争全体教师在理论上及实践上取得一定快速、高效的发展。

二、"CORE"能力提升显著

近年来，学校立足提升教师"CORE"能力，以构建有效教学为载体，使教师全面成长。全体教师爱岗敬业、比学赶超的氛围浓厚，胜任力与担当力相辅相成，悦教力烘托影响力。

（一）教学竞赛展风采

在2021年怀化市中小学青年教师教学竞赛中，英语组唐穆老师、语文组谌丽霖老师荣获怀化市一等奖，唐穆老师代表怀化市参加湖南省中青年教师教学竞赛取得第二名的好成绩。数学组宋林洁老师、政治组胡玲老师分获市一、二等奖。在2021年城区高中青年教师解题大赛中，我校10人获一等奖，28人获二等奖。英语组赵银艳老师代表怀化市参加湖南省优质课展示，获得专家一致好评。

在2022年怀化市市直学校中小学青年教师教学竞赛中，语文组黄姣、地理组杨芳、历史组谭未、生物组于晓青荣获一等奖，语文组谌丽霖、物理组吴祥桦、化学组宾鑫获二等奖。在2022年怀化市高中解题大赛中，我校56人获一等奖，45人获二等奖。在2022年怀化市中小学教师专业素养命题竞赛中，我校18人获一等奖，12人获二等奖。在2022年湖南省精品课评选中，语文组谌丽霖、英语组赵银艳获省三等奖，李桂花获市一等奖，我校被评为优秀组织单位。在2022年首届"译林杯"高中英语教学设计展评活动中，英语组覃爱民获教案类和微课类特等奖，赵银艳获教案类一等奖。在2022年怀化市中学生物优秀教学课例竞赛中，田梅教学设计获一等奖，路晶晶教学课例获二等奖。

在2023怀化市市直学校中小学青年教师教学竞赛中，英语组赵银艳、政治组梁俪琼荣获一等奖，数学组梁牡娟荣获二等奖；在怀化市中小学班主任基本功竞赛活动中，李桂花老师荣获二等奖；在怀化市"诗教中国"竞赛活动中，谌丽霖老师参赛的作品荣获三等奖；在湖南省第四届青年书法大展中，王卫国老师荣获优秀奖。在2023年省市精品课评选中，我校11人次获奖，其中，省级奖项2人，市级奖项9人，学校获评"市级优秀组织单位"，学校连续两年获此殊荣；在湖南省集体备课大赛中，我校6支队伍晋级省赛。在怀化市2023年体育与健康课教学竞赛评审活动中，我校杨恒老师荣获高中组一等奖；在2023年怀化市中小学实验教学说课活动中，我校3人次获奖，其中，陈一炘荣获一等奖，储朝辉荣获二等奖，张志鹏荣获三等奖。

（二）论文课题结硕果

学校以课题为牵引，着力打造优质教师群体，并有效整合信息技术与其他学科课程体系，备课组着力开发学校微课资源，进行微课题研究。基本做法就是：提出问题—升为课题—设计方案—课上探索—课后反思—集体评课—总结提高。教科研课题申报热火朝天、论文撰写积极主动。近三年，学校成功立项的课题44项，国家级子课题1项，湖南省规划课题2项，湖南省基础教育改革项目4项，省教育学会课题15项，市规划课题18项，市学会课题4项。近两年60篇论文发表在省级及以上刊物。近三年教科研成果获奖，省级三等1项，市级一等3项、二等1项、三等2项。教研课题成果突出，我校被湖南省教育学会评为先进单位。怀化市教研教改杂志对我校教科研进行了专题介绍。

（三）名师带动促辐射

以课题为龙头，推出校内外研讨课，辐射本区的教研，受到市领导和专家的好评，涌现出一批科研型的优秀教师、骨干教师、学科带头人。

2021年，怀化市首批高中英语张欢英名师工作室花落我校。2021年，英语组唐穆老师、语文组谌丽霖老师荣获"怀化市教学能手"称号，唐穆老师获"湖南省教学能手"称号以及五一劳动奖章。

2022年，我校8人被评为怀化市首届骨干教师，8人被评为怀化市"命审题专家"；张欢英入选湖南省高中英语名师培养对象；7人荣获怀化市优秀教研组长、备课组长称号。

2023年我校张欢英入选湖南省"十四五"中小学培训省级专家，周玉林入选湖南省卓越校长培养对象，谌丽霖、覃爱民、周华蝶、彭程入选湖南省卓越教师培养对象；我校7人荣获怀化市优秀教研组长、备课组长、年级组长称号；舒利群、王卫国、张欢英、张玉群、周玉林5位老师被认定为怀化市第二批中小学校教师培训师；怀化市心理健康张玉群教师工作室成立并在10月开展了第一次研修活动；怀化市高中英语张欢英名师工作室在怀化市教育局首批名师名校长工作室考核中被评为优秀等级，湖南省张欢英名师工作室也花落我校。名师工作室带动的跨区域联动教研活动，搭建了教师展示交流、学习提高的平台，加速了本校教师的成长，促进了多校优质资源共享，悦教力烘托影响力，教师发展品牌熠熠生辉。

高中教师"CORE"能力中各能力相辅相成，缺一不可。我校以专业奠基成长、热爱奔赴未来的理念，力求促进学校教师专业化"CORE"能力发展，为促进我校教学研究与改革纵深推进贡献力量。

热爱学科育人，感悟培养什么人、怎样培养人、为谁培养人。当所有教师满怀热爱、为未来而教时，便能实现教育的双向奔赴。

"国培计划"怀化市高中英语骨干教师工作坊（C415）：感受、感动与感谢之旅

尊敬的各位领导、老师：

大家下午好！

感谢省教师发展中心给我提供了一个和大家共同交流、学习、成长的平台。我今天和大家交流的，谈不上是经验，只是分享我们C415英语工作坊的点滴做法。我分享的主题是：感受、感动、感谢。

感 受

感受一：领导高度重视，精心组织

湖南省教师培训基地校怀化市湖天中学是一所新学校，2017年是办学第五年，正因为是新学校，所以学校特别重视提高教师业务水平，尽可能地为教师创造学习条件，对承办这种研修项目自然格外重视。学校专门成立了工作领导小组，及时召开部门协调会，明确了工作职责和人员配备分工。同时怀化市教育局师资科全程跟踪指导，这是我们工作顺利开展的前提条件。

感受二：讲究方法，引领研修

研修进程已经过半，为了实现合格率100%，力争全优，我们坊主要做

了以下工作。

1. 展开有效竞争，确保全员参与

研修初期，我们将"专家引领—工作坊团队和组长组织—学员参与"的模式作为组织策略。除将70个学员分成10个小组、建立班级QQ群等基础工作外，个人觉得我们的特色是建立了小组竞赛评价机制，有效调动了学员的积极性，通过竞赛的方式，实施了一系列任务驱动措施，评选小组长、优秀学员和优秀小组、活动评优等。学习过程中，工作坊团队与组长沟通协调，让组长带头学习，以点带面，确保全员参训。

2. 研修目标明确，研修主题鲜明

工作坊研修目标为：依托信息技术，整合网络资源，直击高中英语教学的重点、难点和疑点，解决教师研修和教育教学实践问题，培养英语学科带头人，打造服务于一线的支持平台，引领我市英语学科研修持续稳定地发展。工作坊先确定了"读写整合在英语教学中的运用"的研修主题，然后每个学习小组在大主题下进行小组研讨，制定了10个研修小主题："长难句与高考题""快乐词汇教学""怎样让学生爱上写作""阅读教学与写作的能力""提高学生语法填词能力""高效阅读对写作的正迁移""How to make project effective""语法教学与写作的融合""英语写作课堂的高效性""Mind map与读写整合"。整个培训过程中，各小组围绕各自的研修小主题进行合作探究。

3. 有效开展研修活动，搭建展示平台

研修活动主要采取线下集中培训与线上网络研修两种形式。线上由坊主团队、小组长组织，成员自主学习为主，工作坊利用网络平台进行了形式多样、内容丰富的交流互动；线下围绕研修主题，以专家讲座、报告、学员讨论、活动总结为主要内容，我们组织了两次线下集中研修培训，举办了4堂读写整合专题讲座，现场展示和评议了3节读写整合优质教学课，为了学以致用，随机抽取学员进行"读写整合"教学设计说课，这些活动取得了大量的研修成果，形成了宝贵的教学资源。

4. 特色研修，共同成长

在优质课展示中，学员林立老师运用了超级录屏、希沃授课助手，以及power point2016微课录制等信息技术，极大地引起了其他学员的学习兴趣，工作坊团队马上决定由林立老师给学员进行微课录制以及希沃授课助手信息技术现场培训，反响极好！

我的感受可以总结为一句话：研修培训，让我们的学员提高了教学技能，从而自信满满，让我们的学员提高了能力，从而其乐无穷……

感 动

培训中收获感动无数。

感动一：感动于坊主陈燕玲老师的坚持与执着，她患有严重的腰椎间盘突出，医生要她卧床休息，而她却不顾病痛，带着绷带，坚持为学员做讲座，认真评课，悉心指导，为我们学员做好了榜样示范。

感动二：感动于学员之间互帮互助，其乐融融。培训中，老师们在学习中互帮互助，一起讨论解决问题，分享经验。为了帮学员舒迭斯老师上好示范课，小组成员不厌其烦地听课、评课，进行多次的磨课，终于打磨出一堂高规格、高品质的读写整合课。

感动三：感动于学员的全体参与，效果明显。70名学员都主动参与培训学习，其中有些老师还在病假之中，外出学习的老师也积极参与学习，参训率100%，合格率100%。

感动四：感动于学员的理解与支持。可以说，整个研修培训组织严密、保障有力、研修扎实、成果丰硕，全面完成研修任务，达到了研修培训的预定目标。

感 谢

　　回首一路走来，每个人都收获满满，感谢湖南省教师发展中心给我们提供了一个非常宝贵的学习、成长平台，提供一次分享成果的机会，提供一段赏心悦目、硕果累累的旅程。

聚焦试卷，共育人才

——湖南省说考卷活动暨怀化市第三期"智润杏坛"高考英语学科研讨会欢迎词

尊敬的各位领导、同仁：

大家下午好！

在这个充满活力与希望的小暑时节，我们满怀期待地迎来了湖南省说考卷活动暨怀化市第三期"智润杏坛"高考英语学科研讨会。在此，我谨代表湖天中学，向出席本次研讨会的各位嘉宾表示热烈的欢迎和最衷心的感谢！

高考，作为我国教育体系中的重要环节，承载着无数学子的梦想与期望，也牵动着每一位教育工作者的心。而英语学科，在全球化的背景下，愈发凸显其重要性。本次说高考试卷活动，旨在深入剖析高考英语试卷的命题特点和趋势，交流教学经验，共同探索更有效的备考策略，为英语教学注入新的活力和智慧。

我们深知，每一份高考试卷都是教育改革的风向标，蕴含着对学生知识、能力和素养的全面考查。通过对高考试卷的研讨，我们能够更好地把握教学方向，精准定位教学重点，让我们的教学更加有的放矢。

此次研讨会，我们有幸邀请到了教育领域的专家管璇老师。她将作为引领者，深入细致地剖析 2024 年高考试题，与我们共同探讨在新高考改革不断纵深推进的大背景下，英语学科备考的精妙法门，探寻提升学生学科素养的有效策略，相信定会给我们带来一场精彩纷呈的思想盛宴。

同时，我也希望各位参会老师能够积极参与讨论，分享自己的见解和心得，共同碰撞出智慧的火花。让我们携手共进，为提升我省英语学科的教学质量，为培养更多具有国际视野和语言能力的优秀人才而努力！

最后，衷心预祝本次研讨会取得圆满成功！愿大家在研讨中收获满满，不虚此行！

汗水铺就奋斗路　三尺讲台绘人生

——2019年怀化学院励志报告

尊敬的各位领导、老师，亲爱的学弟学妹们：

大家下午好！

看到台下你们意气洋洋的面貌，不禁回想起我从前的大学时光。那时的我和此时的你们一样，正是人生的好风景，有决心，有向往……我们都有一个共同的名字——怀院学子。当然，那个时候的怀化学院还叫怀化师范高等专科学校。1999年毕业至今，我从乡镇中学走到县一中，再走到市直属中学，从普通英语教师走向中层领导岗位。如今我又回到了心愿、梦想、事业出发的原点——怀化学院！以不同的身份——湖天中学的老师。

走在人生的长途中，回望来路，我要感谢怀化学院领导老师的关怀和教导，感谢与我同行的伙伴。希望母校越办越好，希望学弟学妹们顺利完成学业，勇敢前行！

感谢母校对我的认可，感谢校友会诚挚的邀请，让我站在这里，做一个汇报。与其说是汇报，我觉得分享和交流更加合适。

从教19年，我的身份在不断地发生改变：校团委书记、德育处主任、支部书记、教务处主任、年级主任、教研处主任。于我而言，一直追崇的是：做一名宽容、循循善诱、真诚的老师；做一名眼中有光、心中有爱、心向阳光的老师；做一名身正、智慧、通达的老师；做一名与时俱进、面向未来、服务于学生未来发展的老师。用真情书写教书育人的喜怒哀乐，用耕耘岁月诠释生命中的爱与责任。

一、做一名宽容的、循循善诱的、真诚的老师

我特别喜欢肖川教授的一句话：教育，就是一个不完美的人带着一群不完美的人追求完美的过程。

刚刚毕业参加工作的时候，我追求的是班上纪律好，追求的是文明班级评比第一，我会用各种手段来制服学生，然而，一件事改变了我。一天体育课，班上三个男生跑去街上打游戏，我到游戏厅找到他们，让他们站在我宿舍门前，那时是课间操时间，校长、班主任和1000多学生刚好经过，校长大声地对我说：小张，他们不听话，就要多批评。当时我心里乐开了花：校长是支持我的。下午校长找我谈话了，他语重心长地对我说：小张，其实学生是人，是不完美的人，是发展中的人，作为老师要有宽容之心，要以理服人，而不是以简单粗暴的方式。小张，你记住，教书重要，育人更重要。

从此以后，我一直铭记校长的话，碰到学生违纪，我会时刻告诉自己：淡定，淡定。多找学生谈心，告诉他们事不过二。尤其是现在的学生自我意识很强，多给学生一些宽容，更能让他们自我反思、自主改过。或者我们换位思考一下，谁愿意被老师声色俱厉地批评呢？2002年我调入中方县第一中学，2004届、2005届、2006届、2009届、2012届我担任的都是专业班的班主任或任课教师。2009—2012年任学校德育处主任期间，我没有开除过一名学生。

老师要善于与学生平等交往，真诚相待，彼此成全。在担任1513班班主任期间，我每个月的班主任津贴，以及2016年评为"骨干教师"、

2017年评为"学科带头人"，学校发给我的奖金，我都用来给学生购买听力书、高考各科的小题训练册，剩下的钱奖给了学习优秀、学习进步的学生。我不止一次地对他们说：没有优秀的你们，就没有优秀的我，这份荣誉是属于大家的。真诚的心，真诚的言语，真诚的行动，让我和学生联结，融合，互爱，同行。

二、做一名眼中有光、心中有爱、心向阳光的老师

教育家夏丏尊说过：教育没有情感，没有爱，如同池塘没有水一样。没有水，就不能称为池塘。没有情感，没有爱，也就没有教育。湖南师范大学教育科学学院副院长刘铁芳教授说过：真正的教育就是给生命找家，给孩子们找魂。我一直努力营造温暖的集体环境，让学生们感到校园是一个大家庭，每一个班级则是这个大家庭中的小家庭，班主任就是他们的父母，每一位同学都是这个家庭中的一分子。世间皆是缘，缘分让大家走到一起成为同学，请好好珍惜这份缘。我每带一届学生，都会为他们写日志，建立QQ相册，见证他们的成长，留下美好的记忆。

我会陪学生过生日，中秋节、端午节、元宵节，只要是学生在学校，我都会自掏腰包给学生买月饼、粽子、元宵，让学生感受到节日的气氛，同时也减少父母不在身边的失落、孤独感。出差在外，我会为学生买回当地的特产，让他们明白，我始终心系他们、牵挂他们。对那些家庭有困难、缺失家庭关爱的学生，我会毫不犹豫地伸出援助之手，让学生在爱的感化下，带上一份对"家"的热心和热望，健康成长！让他们感受"家"的温暖，学会爱家，明确对"家"的责任，学会护"家"，分担"家"的忧愁，学会管"家"。

著名作家罗曼·罗兰说过这样一句话：要散布阳光到别人心里，首先自己心里要有阳光。作为一名教师，我无时无刻不在播撒阳光的种子，我每天都在用灿烂的笑容、温和的语言走进孩子，用理想和激情教书，利用

主题班会和家长会传播正能量。

三、做一名身正、智慧、通达的老师

孔子说过："其身正，不令而行。"我们母校的校训：学高为师、身正为范。由此可知，自古以来榜样的力量是无穷无尽的。在工作中，我特别注意言行一致，以身作则，言传身教；让学生从老师的行为中得到潜移默化地改变，达到润物细无声的效果。而做到言传身教，教师必须先严格要求自己。工作19年，我只请过10天假，那是2001年生我女儿时，女儿9月10日满月，我9月11日上课。要求学生爱护环境卫生，我只要见到纸屑就随手捡起；我规定学生早晨不得迟到，我自己就每天坚持提前到校。我要求学生利用周日下午"弯道时间"5：30到校，我必须5：20以前到校。教室午休，每天我都在午睡铃响前到教室提醒孩子们尽快休息，要注意劳逸结合，等学生都休息了，我就坐在办公室的椅子上休息一会儿。班级氛围上进、团结、严肃。

在日常教学工作中要及时观察学生的情绪，发现问题后第一时间了解情况，进行必要的心理疏导，做智慧型的班主任。2012级我所带的中方县首届康龙班248班，有一位网瘾非常大的学生，语文老师布置了一篇作文《假如我只有三天的光阴》，他在作文中写道：如果我只有三天的生命，我就会在网吧疯狂地上网，然后死在网吧。老师要求写的周记，他全写的是"王者荣耀"。学校每周日下午放假，周一早上到校上课，在高三的时候，为了利用"弯道时间"，周日下午我守着学生考综合，晚上我守着自习。一个周日的晚上，其他的同学都在认真地刷题，只有他表现得特别的焦躁不安，我知道他一个月没有玩游戏，肯定是网瘾犯了，我没有生气，只是微笑着一直盯着他。我转身出了教室，他跟着我走出教室进了办公室。他低着头说："张妈，我想和您说件事。"我微笑着对他说："想上网啦？"他红着脸继续说道："今天我真的想上网，只要您答应，我保

证高考前绝对不再上网。"我果断地对他说："可以，我相信男子汉说话算话，22：00前必须回寝。"他深深地给我鞠躬，说："谢谢张妈，我一定做到。"晚上我22：00前查寝，一听见我的声音，他马上把门打开，开心地大声说道："张妈，我回来了。"此后，他安安心心地学习，2015年高考，他顺利地考上了理想的大学。要与学生真诚约定：只此一回，下不为例。

四、做一名与时俱进、面向未来、服务于学生未来发展的老师

2016年《中国学生发展核心素养》出台，那么聚焦学生核心素养培养学生，是时代发展和中国基础教育改革的必然选择。聚焦学生核心素养，注重学生在校期间的内涵发展，走出校园后的终身发展、可持续性发展。老师要进一步加强美育、体育、劳动教育、心理健康教育，加大创新实践活动，让学生在实践中感受知识。除了组织学生参加学校组织的各项活动，如军训、户外拉练等，我还开展了一系列有利于他们身心发展的活动，如包饺子、踏青、拔草、网页制作等。积极参加专业学习研究，实现教师自主转型，2018年入选湖南省精英教师，并赴华东师范大学培训。有幸从一位学习者变为培训者，被聘任为怀化学院外国语学院英语专业兼职教师，湖天中学"德馨论坛"讲师；市高中教学质量监测命题专家，市高考综合改革研究小组专家，担任"国培"湖南省怀化市高中英语骨干教师工作坊坊主，引领怀化市英语学科研修持续稳定地发展。

有人说："教育最贴近幸福，因为它贴近人心。"一位教育家说过："爱自己的孩子是人，爱别人的孩子是神。"曾经以为我们离神如此之远，因为这份职业，我们离神又是如此之近。

工作这么多年，我在享受一批批学生成长快乐的同时，也收获着一串串自身成长的幸福、感动。孩子们逢年过节发来的祝福和留言也成为我最

珍贵的礼物。

最后，借用习近平总书记2020年新年贺词里的一句话：让我们只争朝夕，不负韶华，永葆初心和使命，再平凡的日子也能旖旎成诗，再遥远的梦想也将春暖花开！

感谢、感悟与感动同行

尊敬的各位领导、亲爱的同仁们：

大家好！

我很荣幸能够站在这里，作为工作室首席代表，发表感言。我想用三个词来表达我此刻的想法，分别是感谢、感悟、感动。

感 谢

我想表达对湖南师范大学外国语学院的领导及本次研修工作人员的感谢之情。正是你们的远见卓识、精心策划、支持和付出，为我们搭建了教育、教学、研究、交流的平台，拓展了我们的成长空间。

再次感谢湖南师范大学外国语学院的领导及工作人员，祝愿学院的教育事业蒸蒸日上，培养出更多的优秀人才！

感 悟

在这个信息爆炸的时代，我们面临着许多挑战和机遇。如何让学生在这个不断变化的信息时代找到终身发展力？我们教师则需要培养孩子的核心素养，即适应学生终身发展和社会发展需要的正确价值观念、必备品格和关键能力。而这，也是我们本次研修班的主题——发展学生学科核心素养，落实立德树人根本任务。我们要把学生培养成一个全面发展的人，培养他们的创造性思维!

本次研修班通过专家视角、专家引领、导师带教、一线思考、名校观摩等各种形式的课程给予了我们大量的指导,给我们带来最前沿的教育理念和实用的教学方法;也为我们打开了一扇窗,让我们看到了先进的教育模式和优秀的教学实践。

小组成员分享这一环节也是本次研修的一大亮点,在这个环节中,我们与来自不同地区、不同学段的老师们共同探讨教学中的问题,毫无保留地分享彼此的经验和见解,在热烈的交流中,思维的火花不断地碰撞,拓宽了教学思路。这些交流和分享让我们深刻认识到,教育的智慧是无穷的,而集体的力量更是强大的。

我相信,通过此次研修,我们不仅提升了理论素养,也提高了实践能力,更让我们深刻认识到作为英语教师的责任和使命。教育是一场没有终点的旅程,我们要不断学习、不断进步,才能更好地引领学生走向未来。

感 动

我很庆幸,能与这么一群志同道合之人共赴未来的英语教育!研修中,大家或是奋笔疾书,或是进行思维碰撞,每一份心得、每一篇美篇、每一期简报,都展现了大家的深刻认识。借此,我想呼吁大家,作为省级卓越教师的培养对象,我们要时刻谨记自己的使命。我们不只是提高自己的理论素养和实践能力,我们更要去影响更多的老师,产生辐射引领作用。我们要引领自己的学校、自己所在的片区和城市,使更多老师能够感受到此次研修的精髓。

我们三位首席会继续以名师工作室为平台,按照"1+10+40"的融合培养方式,加强名师工作室建设,切实发挥工作室示范带动、辐射引领作用,促进工作室成员的专业发展,努力培养具备做学生为学、为事、为人的新时代"大先生",造就一批能够引领湖南省基础教育改革发展的领军人才队伍，实现"育人育己"双育目标。这个平台不仅让我们提升了专业素养，更让我们感受到了团队的力量和教育的温暖。

最后，我要再次感谢为我们提供这次宝贵研修机会的各级领导和专家，感谢培训班的老师们的辛勤付出，感谢学友们的陪伴和帮助。

愿我们一起岁月漫长，心怀热爱，携手共赴星辰大海，为未来而教！祝大家工作顺心，生活舒心！

谢谢大家！我们下次再见！

踏上南通英语培训之路，
追求教育新高度

尊敬的各位领导、亲爱的同仁们：

大家上午好！

"不登高山，不知天之高也；不临深溪，不知地之厚也。"昨天，我们从湖南来到了教育强市——江苏省南通市，奔赴湖南省新时代基础教育名师名校长培养计划（2023—2025）英语卓越教师培训。

对于这次培训，我们在座的名师、卓越教师培养对象深表感谢！正是有了这次培训，有了湖南师范大学外国语学院领导的远见卓识、精心策划、全力支持和辛勤付出，才让我们再次相聚，共同开启一段意义非凡的学习之旅。也让我们有机会享有登上一次高山的经历，能够聆听到江苏省英语学科专家的教导，收获到英语教学的启迪，感受到教学生涯的一些成功和快乐！

有人说：全国教育看江苏，江苏教育看南通。我希望我们名师、卓越教师培养对象珍惜这次来之不易的提升机会。在培训过程中，我们要以空杯的心态，静心学习，潜心研究，严心守纪，用心感悟，并把专家的讲解、同行的见解与自身工作有效结合，学习致用！

"问渠那得清如许，为有源头活水来。"我们满怀期望而来，就一定会满载收获而归，并将所学所悟带回自己的学校和地区，我们会将创新的教学方法融入课堂，激发学生的学习热情；我们会更加关注学生的个体差异，因材施教，让每个学生都能在英语学习中找到自信和乐趣；我们会积极参与教研活动，发挥引领示范作用，与更多的老师分享培训成果，共同提高教育教学质量，为我省的教育事业发展贡献自己的力量。

让我们携手共进，在英语教育的道路上不断前行，为培养更多优秀的人才而努力！

谢谢大家！

附　录

教育教学随笔

我的第一批学生——85班

今天下午，办公室要我接电话，我觉得好奇怪，为什么不打手机呢？

"喂，你好，你是张老师吗？"

"对啊，你是？"

"我是小平（化名），你的学生，还记得吗？我在网上找到你学校的电话号码，我给你还钱呢。"

12年了，我当然记得那个黑黑的、非常聪明的孩子，1999年，我刚刚大学毕业，分配到铜鼎中学工作，担任初一85班的班主任，他是我班上的第二名，可是家里条件不好，交不起学费。我给他交了390多元的学费（那时我的工资只有300多元）。难为他这么多年还记着这件事情。12年了，我已步入中年，青春不再，这个班的学生很多已为人父母，然而我记得的还是那一张张稚嫩的、可爱的脸庞。愿他们事业顺利，家庭幸福！

我爱你们

——写给我刚刚毕业的学生们

我可爱、调皮的孩子们，你们可知道，美丽、甜蜜、感动已离我远去！三年，整整三年，你们把最美好的永远留给了我！三年里感动一直陪在我的左右！

没有送你们上战场，还在最后一个夜晚骂你们不听话，将是张老师一辈子的遗憾；我可爱的孩子们刚从战场上下来，就冒雨离开了校园！

你们走了！留下了孤独的张老师，我亦友亦生的孩子们……

在这个孤独的黄昏，我一个人敲着键盘。原来想念就是流泪，你们的每一句话、每一个眼神……我都感动，我都想念！

同样的黄昏……你们抱着我哭，可我不敢当着你们的面哭。我怕我一发不可收拾！

你们已毕业20天了，20天里，我的心空荡荡的。

三年里我生气过、伤心过、愤怒过。然而，看着你们可爱的脸，一切的不快都没有啦！我爱你们的青春飞扬、才华横溢、年少张狂！曾几何时，开心的笑声引来几多羡慕的眼光，多少快乐的小插曲依旧在心头荡漾。

忘不了你们满腔的感慨、热情、冲天斗志……忘不了男生的"欢英"之家……

我可爱的孩子们，未来的路还很漫长！但我相信你们一定走得很顺畅，因为有张妈对你们深深的、永远的支持与祝福！

215班随记

人生如潮有涨有落，作为一名教师的我，深有体会，整天和孩子打交道有时确实是一件非常烦心的事。每时每刻都会遇到这样那样的困境，每天都会碰到这样那样的烦恼。但是，我却不会这样认为，只有身在其中，才会体会到其中的乐趣——大烦恼才能有大乐趣，大问题才会有大成就。

当你静下心仔细去挖掘教师这一职业时，就会发现它是一种乐趣。无时不有无时不在，其中蕴含着许多乐趣！

忙忙碌碌地又开学两天了，虽然忙但很充实。重新分班了，没有如原来预定那样担任音乐班的班主任，而是担任了体舞班的班主任。在其他人眼中，这些学生是最调皮的，而我却不这样认为。在这两天的交流中，我很欣慰地发现他们真可爱，懂感情。我想我会全身心地投入我的班主任工作中。我不仅是老师，也是朋友、姐姐。我会像爱165那样爱215。我信三年后我的努力会有收获的。我必须做到：There is understanding；There is forgiving；There is knowing and I guess our love will last. And I believe if anything is real，the heart will make it plain。同时也愿203的孩子们开心快乐，张老师不是你们的班主任了，但我会永远爱你们，记住有不顺心、不开心的事张老师就在你们的身边。昨天晚自习我狠狠地批评了小涛，这是我在215班第一次发脾气，我一直想以心灵赢得心灵，我一直希望我的学生每天都能激情飞扬，可是他给我的感觉就不一样。今天宿管员告诉我，自从我安排小涛同学当寝室长后，他还是变了，看来我还是需要耐心，需要付出真爱。

209班杂记

时间很快，高二的1/4眨眼间就过去了。中考结束了，运动会也如期召开了，一切都在按部就班地进行着。可是这高二的1/4留给我很多感触。伤心过、生气过、暴跳如雷过，然而更多的是高兴、感动。他们团结、可爱、善良、感恩。每件事都给我惊喜不断，让我感动不已。年级拔河比赛、校运会让我很是自豪，欣慰我的209班的凝聚力。望着喊破嗓子、憋红脸的仔仔们，我觉得当班主任真幸福。专业老师对我说这是他们带的有史以来最好的专业生，我希望他们更strong。这次中考虽然在年级专业班中不算突出，但和以前比进步真的很大，我相信他们不会让我及他们的父母失望的。

其实能拥有这56个孩子也是我的福气，他们带给我的太多太多了……

昨晚又是一个不眠夜，凌晨三点多才从三医院返回学校。我不明白现在的学生心胸为什么那么狭窄，芝麻蒜皮的小事都会大动干戈。有时真的想退却，作为一名女教师，面对那么多的压力和困难，真的能把学校的德育工作做好？我一直坚信，学生是靠老师教育、感化的，他们会懂事的。一位老师说我太宽容学生了，但我无法狠心，因为我也是一位母亲，我能体会他们的伤心。带着全年级最活泼的表演班，我发现其实他们还是在变。那天下雨，小钢的秋季校服没有干，天气有点冷，为了班上不扣分，他还穿着夏季校服，还有小敏，她和以前相比进步很多，上课明显认真多，虽然还有一些小小的毛病。今天找她们（小敏、小霖、小玲）谈话，给他们提出了更高的要求，我相信他们不会让我失望的。

作为一名教师，要善于去发现教学的乐趣，因为我们每天拥抱的是一个新的太阳，我们每天面对着的都是一些个性迥异的孩子，都是一个个前程不可限量的个体。只要你精心去照料他们，只要你帮助他们找回自信，只要你帮助他们去挖掘身上的潜力，他们的能量是不可限量的，是会远远超出你想象的，一分耕耘会给你带来多少倍的回报！

只有爱，才能赢得爱，你爱教育事业，教育事业也会爱你，你才能从中获得事业上的乐趣。

同样，你爱学生，学生也才会爱你，也才会让你在和他们的交往中忘记了外面的世界，忘记了生活中的烦恼。

205班高考杂记

昨天，学生走了，为了高考，去长沙集训。送他们上车，车缓缓地驶出了校园，望着车上挥着手、流着泪的孩子们，心突然觉得空空的，眼泪止不住地流。学生电话告知：张妈，我们走了，你多保重。或许这就是师生间的情谊。到了长沙，不忘报一声平安。今天早上，打开QQ，学生在班级群里说：为了205，为了张妈，为了我们自己的将来，为了我们的爸妈，一定要考上。很感动，不管他们最终的结果咋样，起码他们懂得感恩，懂得怎样做人！我觉得有这样的学生我很幸福，当老师真值！长沙的孩子们，张妈相信你们，付出了一定会有回报的，为了明年的大丰收，和张妈一起加油。记住班级口号：齐努力，共奋进，夺取高考大胜利！

大清早跑到教室找学生谈话，小洋从长沙回来后，状态没有以前好，竟然还偷着去上网，目前状态不好的还有小武、小波、小睿、小君，其实他们非常的聪明，只要努力，一定会考上大学。205班的孩子们，为了我们共同的梦，为了高考后我们的开怀畅饮，为了205班这个团结的家，记住今年的6月是我们扬眉吐气的日子，是我们欢聚高歌的时候。你们永远是我最懂事、最善解人意、最懂得感恩的孩子，张妈爱你们！我会记住你们对我的点点滴滴！我一定会陪你们开心快乐地走过高三，记住205班这个家永远是团结的、自信的、向上的。

时间过得真快啊，又过了一周，昨天高三专业生召开了文化备考动员会，四个学生代表不同的专业生发言，学生的激情蛮高，尤其是我班小翔谈的那几点，对啊，每个学生，包括我们每个老师都需要亮剑精神。高考一百天就要来临了，高考的成与败都取决于我们这一百天的付出，一百天后，有人会笑傲江湖，有人会名落孙山。205班的孩子们请记住：太阳尚远，但必有太阳。而我在这繁忙的日子，淡忘了一些该做的、但不是很紧迫的事情。过着月亮走我也走的日子，不知道为什么自己变得如此的淡定，人生天地之间，若白驹过隙，忽然而已。

班上每一个女生都非常听话，学习非常认真，不要我操半点心。男生也不错，像302寝室的男生。但还是有几个耐力不足，静不下心来。今天，小超说他最没有压力，因为他做好了读专科的准备，小辉说那你没有志气。我当着全班同学的面说：那你就不是个man，现在我们都在同一起跑线上，你却连跑的勇气都没有，专业考试基本告一段落，现在拼的是文化。小超还不明白，男生弹古筝的非常少，专业是比较容易过的。小华说他已做好复读的准备，不知是不是开玩笑，听起来让我有点小伤心，我对他说：如果你考不起，我就不姓张。昨晚要学生默写英语作文，可以说首战就不利，大概只有30%的同学会默写，他们想的就是不会默写怎么办，怕的是老师的惩罚，而不是想我一定要背下来。一篇作文大概120个词，能够背十多篇作文的话，想想就能记住多少个单词了？当老师盼什么？还不是自己的学生能出人头地，都能考上理想的大学？高三的日子是清苦的，但也是最充实的。小超、小华请记住我们的口号：齐努力，共奋进，夺取高考大胜利！我希望我能陪你们开心地、成功地走过高三，让张老师能有"两岸猿声啼不住，轻舟已过万重山"的超越。

早读时学生在大声地朗读英语，小茂这家伙又迟到了几分钟，被我说了几句，我一直希望我的学生能够自立、自理，同学们能像兄弟姐妹般互相关心、互相帮助、互相鼓舞、互相照顾，做相亲相爱的一家人，快乐、幸福地度过高三的生活，同时在高三学习与备考中只要方法科学，以"Hard Work"为前提，以"Ambition"为导向，以"Persistence"为保证，以"Practice"为保障，多对自己的进步说"Yes"，即能做到"Happy"备考，不断激发学习英语的兴趣和激情，我相信我的学生一定会在6月的考场上振翅高飞，飞向属于自己的理想王国。

写给我可爱的2012届205班的孩子们

三年就这样匆匆而过，

一千多个日夜晨昏，

弹指一挥间，

就在我们不经意间毕业歌的歌声就已响起。

三年来，

我们一起并肩奋斗，

早起晚走，披星戴月，

习惯了在校园中看到你们熟悉的身影，

喜欢面对你们那一张张可爱的笑脸，

喜欢你们的顽皮，

喜欢你们的率真、单纯，

喜欢你们的年少激情，

从今天起，

你们就不再是中学生了，

也不再是大人眼中的小屁孩儿了，

我为能陪伴和见证你们的成长而感到欣慰！

6天后，

你们将走进考场，

张妈会在考场外静候你们的佳音！

花落，是为了花开；

月缺，是为了月圆；

离别，是为了重聚；

一切，是为了感恩！

赠康龙学子——我们一定要到北京上大学

在阳光灿烂的日子，迎来了你们——第一批康龙学子！我知道你们还是有人想走三中、铁一中，对我校存在很大的怀疑。

其实，在中方一中执教12年，我亲眼见证了中方一中的变化。一所学校的发展，好的生源是最重要的，每年在面临县前50名的学生所剩无几的情况下，我校的升学率还是在不断地增长。试想想，如果我们有三中、铁一中那么好的生源，我们会没有考上北大清华的学生？

所以康龙学子们，这个班的开设来之不易，你们进入这个班的机会来之不易。不要犹豫！不要彷徨！康龙班就是我们共同的家，我们是一个整体，一个也不能少！我们大家有责任把这个家办好、经营好。那就意味着优秀的你们要花费更多的时间，投入更多的精力，付出更大的努力，知识学得更多、更深、更好；意味着你要肩负起维护这个家的责任，要无愧于学校创造的机会、家庭寄予的厚望、老师倾注的心血。

希望每一位同学，在高中三年，充分利用这个机会，勤奋、刻苦、自觉、自信、自省、自律、自强，三年以后，你一定站得最高，笑得最甜。一定记住开班典礼上，你们庄严地、充满信心地宣誓：我一定要到北京上大学！你们憧憬着，我期待着。

让我们一路同行！我会陪你们跨黄河、过长江直奔北大、清华园！

Sorry to 1815班的孩子

给老师订的新课标已到货，两大捆再加上颂颂的包裹，一个人无法弄去学校。在校门口碰见小嘉，要他告诉班长小杰带几位男生去超市拿货。一上楼就见班长带着男生出来了，怎么要那么多人啊！只有三个包裹呢！一位男生返回教室。叮嘱他们一定要过斑马线。坐在讲台上，半小时过去了，突然想起他们还没回来。下意识里觉得不好了，没和他们说包裹上是颂颂的名字，马上要小嘉去学校对面的超市找他们。8分钟后，他气喘吁吁地拿着包裹走进教室："张妈，没看见他们，我问老板借了个拉车把包裹拉回来了！"真是个聪明的娃。听他说完，马上说道："这些鬼崽崽啊！肯定是去买东西了，难得的机会啊！"班上的女生全笑了。这时美丽人生洗发店老板娘微信语音响起，一接通，班长小杰的声音响起：

"张妈，他们回来了没有啊？""我的妈呀！要你带人去办事，人都弄丢了马上回来，小嘉去找你们，根本没见着，他一个人把东西弄回来了！"刚挂，另一个陌生电话又响起："张妈，找不到优果超市啊！优果超市在哪都不知道啊！""别骗我了！学校对面呢！马上回来，包裹已搬回来了！"几分钟后，他们跑着回来了！小舟一边擦着汗一边对我说："张妈，我们在校门口碰到蒋老师，他告诉我们优果超市应该在华都西门那里，不过他不确定。我们到了西门没找到，就分开找。想你住在北区，那超市可能会在北区楼下，又没找到，又去南区你学生开的顾一店子打你电话。"我很奇怪地问他："不是就在学校对面吗？"全体学生："张妈，对面是1号优选！""不好意思啊！是我没表达清楚。真的对不起，害你们白跑了那么远！"小苹："张妈，你知道吗？我都快到华联超市了！"

自己表达错误，不了解情况，就埋怨他们，为自己的表现深深地自责。这也使我想起小时候发生的一件事，那时我大概5岁，天快黑了，爹娘在外面做事还没有回家，我和哥就去他们做事的地方找他们，6月的田间，蛙声一遍，我和哥扯着嗓子喊着爹娘，回应我们的是呱呱的蛙声。我们回到家，天已全黑，家里的人已在吃晚饭。爹黑着脸大声地呵斥着我们：天黑了都不知道回家，只晓得玩！哥可能是被骂习惯了，不管三七二十一，吃饭是头等大事！反正我是没吃晚饭，一个人跑到房子外面默默地掉眼泪……没了解事情真相，真的不能乱猜测，抱怨，甚至批评！向我1815班的娃儿们再一次说声对不起。

感谢生命里有你

今晚注定是一个无眠的、感动的夜晚。我感谢上苍让我拥有那么多幸福和感动！

我感谢父母给了我生命，给了我受教育的机会！在那个贫穷的年代里，一个有五个小孩的家庭，温饱问题都难以解决，可是我的父母心中一直有一个目标：要他们的子女改变面朝黄土、背朝天的生活，要跳农门，读书是唯一的出路！他们勤劳，肯吃苦，尤其是我的母亲，对于一个半边户的家庭，家里家外都是她一个人，所有的苦活、累活都做过！正是她的坚强使我懂得了坚强！也是她让我明白了苦只是暂时的，一切都会好的！

我感谢外公教会了我怎样为人！4岁的我就开始跟外公一起生活，外公在我眼里就是正义的化身，村子里大小问题都是他解决，对朋友仗义，对亲人帮扶。可是外公的内心是痛苦的，外婆很年轻就过世了，三个小孩只有母亲一个人是健康的，他把所有的希望都寄托在我的身上。

我感谢我的兄弟姐妹带给我那么多亲情！我感谢我的先生给了我一个温暖的小家！

我感谢我的女儿让我成为一位幸福的妈妈！

我感谢所有的恩师让我一步一步成长！我感谢我的亲戚朋友在我困难时带给我的帮助！我感谢我所有的领导和同事对我的指导与帮助！

我感谢我所有的学生，是他们让我懂得了老师的快乐，是他们让我的生活充实且丰富多彩！他们的一举一动、一言一行带给我的都是满满的感动与幸福！

您，是我最美的遇见

佛说：前世五百年的修行，换来今生的一次擦肩而过。月姐（唐小月），可见我们的前世有多么大的缘分呀！

2015年8月的一天，湖天中学老师招聘面试，我和您第一次见面，我，面试者；您，考官。对您的第一感觉，是大气而又和气。

2015年9月的一天，湖天中学英语教研组新进教师欢迎会，是我和您的第二次见面，我，新老师；您，教研组长。我再一次发现，您风趣的语言，深厚的文化底蕴，令人欣赏的成熟与稳健，犹如一本经典的名著，百读不厌。您更让我——一位初来乍到的教师感觉到了深深的温暖和真诚的认可！

在湖天的五年，您是我最坚强的依靠，我最温暖的港湾；一步一步走到今天，离不开您的支持与引导。我无法忘记，您对我生活上的关照，工作上的谆谆教导；我无法忘记，您对我教学业务上的帮助和点拨；我无法忘记，难过时，您的陪伴让我忘记忧伤；我无法忘记，失意时，您的鼓舞让我勇气倍增；我无法忘记，开心时，您的笑容让我阳光明媚；我无法忘记，评正高那段难熬的时光，您陪我一遍一遍看视频，您帮我一句一句纠正教学设计，您和我反复推敲教学课件！刚踏上去面试的高铁，您的短信响起：欢迎，祝一切顺利，轻松过关！面试完，拿到手机，一开机，您的电话就响起：欢英，肯定没问题！月姐，您就是我的定心丸！在返怀的高铁上，我和麻阳一中的郑老师聊的话题一直都是您！我和她说：月姐如果退休了，我就真的没有依靠了！内心涌出的是无言的情愫，觉得好温暖，也有种酸酸的感觉。

月姐，我想说，一起工作的日子是快乐的，一起奋斗的日子是难忘的，一起逛街的日子是惬意的，一起娱乐的日子绝对是刺激的！月姐，感谢有您，感谢您陪我走过那些风那些雨，感谢在最无助的时候有您鼓励，感谢在孤独的时候有您陪伴！

月姐，我想，曾经，现在，将来，我都是幸福的，都是幸运的，因为，您，是我最美好的遇见！

黑发积霜织日月，粉笔无言写春秋

"四度春风化绸缪，几番秋雨洗鸿沟。"作为有24年教龄的教师，我始终承担着传播知识、传播思想、传播真理的职责，肩负着塑造灵魂、塑造生命、塑造新人的使命，自觉学习教育新理念、新技能和新方法，努力提高课堂教学质量，做让人民满意的教育工作者，培养新时代人才，争做有生长力和幸福感的教育家型教师。

秉持有效教学理念，打造高效课堂

提高教育教学效率一直是教育教学改革和发展的价值追求，其三次重大变革在教育史上影响深刻和广泛。从第一次捷克教育家夸美纽斯创立班级授课制，到第二次德国教育家赫尔巴特提出课堂教学阶段论，再到第三次美国教育家杜威提出学生中心论，这些都反映了追求教学效率是各国教育教学改革的根本目标，也是各种教学流派不断探索和倡导的理念与策略，追求教学效率是课堂教学活动的根本价值。在我的从教生涯中，我始终认为老师应该提高课堂教学效率，培养学生的创新精神和实践能力、培养德智体美劳全面发展的社会主义建设者和接班人。作为教师，我们要面向全体学生，为学生的全面发展创造相应条件，尊重学生身心发展特点和教育规律，使学生生动活泼、积极主动地发展。提高课堂教学效率，就是要使课堂教学活动促进学生尽可能高速地发展，把已使用的时间、精力或教学消耗转换成尽可能多的教学成果。崔允漷教授曾提到所谓"有效"，主要是指通过教师在一段时间的教学之后，学生所取得的具体的进步或发展，也就是说，学生有无进步或发展是教学有没有效益的唯一指标。教学有没有效益，并不是指教师有没有教完内容或教得认真不认真，而是指学生有没有学到什么或学生学得好不好。如果学生不想学或者学了没有收获，即使教师教得很辛苦也是无效教学。同样，如果学生学得很辛苦，但没有得到应有的发展，也是无效或低效教学。

那么，教师该采取什么样的策略使自己的课堂更高效呢？崔允漷教授也曾提到，"教学"的逻辑必要条件主要有三个方面：一是引起学生学习的意向，即教师首先需要激发学生的学习动机，教学是在学生"想学"的心理基础上展开的；二是指明学生所要达到的目标和所学的内容，即教师要让学生知道学到什么程度以及学什么，学生只有知道了自己学什么或学到什么程度，才会有意识地主动参与；三是采用易于学生理解的方式，即教学语言有自己的独特性——让学生听清楚、听明白，因此，需要借助一些技巧，如重复、深入浅出、抑扬顿挫等，所以我们要将高效教学理念付诸行动。

高效课堂的教学策略可分为教学准备策略、教学实施策略和教学评价策略。首先，教学准备策略包括教学材料的处理与准备、教学内容与教学目标的确定、教师的教学方法和学生的学习方法的选择，这就类似于撰写教案，教学目标必须是内容丰富、效果可测量的。但是教学准备策略绝对不是一纸教案这么简单，我们要对学生的学情进行分析，不仅是对学生知识学习情况的分析，更是对学生性格特点、学习特点的分析。高效课堂，学生为主体，要想唤醒主体意识，就必须关注个体独特性，所以我们需要走进学生，了解学生，学习并不是孤立地在课堂中发生的，它是与学生的成长环境、生活环境和思想状态密切相关的。其次，教学实施策略是针对发生在课堂内外的一系列行为的策略。课堂行为的实施并不是对一纸教案或是一本教材照本宣科，课堂中的主要教学行为是事先可以做好准备的，但是也有不可预期的辅助教学行为，所以不同的老师要根据自己的经验以及人格素养，掌握一些基本技能，能够很好地去处理课堂中发生的意外情况。课堂的主体是学生，我们要善于观察学生的一颦一笑，观察学生的行为，从而了解他们的思想。当你了解你的授课主体之后，你才知道需要讲述的是什么，以及如何进行讲授。所以教学实施的策略是建立在教学准备策略之上的，再加上教师自己的临场应变能力，那么在教师的成长过程中，教师要不停地学习，不仅学习专业知识，也要发展应变能力，充分利用自己的个人优势，形成自己的教学风格。最后，教学评价策略需要教师观念和认识的转变以及技术的提升，没有任何一套试题可以检测出学生的综合能力，也没有任何一个时间点的定型考试能够评价出学生逐渐变化的水平，所以对学生的评价应是多方面的、多指标的。我在对学生进行评价的时候，会为学生建立一个档案袋，对他们进行一个学期的追踪式评价，时间分为周评价、月评价、学期评价，并且评价的内容不仅是考试成绩这一项，在制作的评价量表中，也包括学生书写的变化、口语的变化、作业质量的变化、成绩的变化，等等。教学评价策略告诉我们，学生都是不停在发展的动态个体，教师用心仔细以及时时地观察才能完成对动态个体的了解。

经历铸就经验，用心成就可能

每一个行业的从事者都是从一个新手慢慢成长为经验丰富的行业专家。我的教学之路也是如此。刚入职的我年龄不大，也是一张白纸，凭借着在大学的一些教学理论和实习经验，走上了这个神圣的讲台。可以想象，一个新人内心的忐忑、踌躇以及不知所措，只有同样做过新人的教师才能理解。

20多年教学生涯，让我接触到很多不一样的学生。刚入职的我，认识了一群很有特色的学生。在很多经验丰富的老师眼里，他们过于好动、过于随意、过于任性。他们可能总是按照自己的想法去做事情，他们可能不遵守学校的规矩、不听从老师的谆谆教诲，似乎，他们是并不符合传统视野下对学生的定义的。20多年前作为新人的我，经历过课堂上学生不守纪律、课后学生作业马虎、教学成绩不高，我很着急，也很困惑，在请教了许多经验丰富的老师之后，我相信事出必有因，教学和教育是密切不可分的。我开始走近学生，了解他们，了解他们的生活，了解他们的家庭和成长环境。我开始逐个找学生谈话，逐个去家访，走进他们的内心，待他们与我交流后，待我真的了解他们之后，我发现学生都是如此的可爱，每一个学生都是能被孕育成材的，每一个学生都能成为自己人生路上的英雄。时至今天，我仍然这么认为。我实践过，也成功过。随着经验的累积，我形成了自己培养学生的理念，就是在不特意改变其原有个性特点的情况下，让学生认识到"知识"是人生必须学习的东西；"纪律"是人生必须知晓的道理；而"自律"则是一个人能够经得起考验的准则。培养理念影响着我的培养方式，在潜移默化中，我的学生更加能够享受成长的果实。当然，一切的教学行为和培养方式都会从一开始的万般艰难，到中途的若隐若现，再到后期的轻车熟路。每一届的学生都会从零开始，我不停跟着变化的学生来转变实施方式，但是我的理念没有改变，虽然前期会付出很多的辛苦，但是我的实践、我的用心、我的努力成就了我的经验，也真正成为孩子心中的楷模，成为孩子人生的导师和引路人。

"一年之计，莫如树谷；十年之计，莫如树木；终身之计，莫如树人。"新时代的教师，要能够秉持正确的理念，记录自己的教育实践，不停地去反思、总结、完善自己的教育实践为树人大计贡献自己的力量。

张妈，您永远是我心中的C位

从这些年的班主任工作中，我深深体会到：班主任最大的幸福感就是用心灵的温暖放大学生人性的美好。但是这个过程需要你的包容，需要你的等待，还会让你体会到难以言喻的甜酸苦辣，也会让你在教育的道路上不断地成长。下面是我班主任工作中的一个典型案例。

一、案例背景

2018年秋季，我担任高一1812班班主任。开学第一周，我发现班上的施恩（化名）给人的感觉总是有一种淡淡的忧伤笼罩着她。她的一位初中同学告诉我，她是被收养的，养父已经快60岁了，没有劳动能力，靠捡废品为生；还说她的养母是残疾人。小学的时候养母经常到学校来找她，同学总要嘲笑她的养母是个智力障碍者，为此，她小学的时候总和同学打架，慢慢地她也不在意了，但她变得自卑，把自己完全封闭起来，在学校她不和其他同学交流，只知道学习，她想从学习上找慰藉。

一个月快过去了，她一如既往，我默默地关注她，靠近她，引导她，寻找对策温暖她。

二、案例过程

为了有针对性地做工作，我决定去她家家访，进行详细了解，然后再找对策。见到的场景让我内心久久不能平静：城边的一栋破旧的出租屋一楼，两间旧砖屋，一间是厨房，一间是他们一家三口的卧室，卧室里只有两张破旧的床和一个摇摇欲坠的衣柜，房子外面堆满了收集来的废品。听说我是他女儿的班主任，她年迈的养父很热情地忙着给我搬凳子、倒水，还不忘骄傲地说他女儿成绩好，有生之年他一定会送女儿上大学的。她的母亲口齿不清地重复着："妹，读书！好！"在回校的路上，我深深地被感动了！

我首先召开了"感恩、孝敬父母"的主题班会，利用多媒体观看生活中父母为孩子做的感人的事情。然后我总结道：我们没有权利选择我们的出生，但我们有权利选择我们的幸福，有义务感恩、孝敬我们的父母！不管我们的父母是什么样的人，我们都没有理由去抱怨他们，去讨厌他们，因为他们深深地爱着你们，不管他们用什么方式，因为命中注定了你们是一家人！如今缘分让我们走进了1812班，我们就是相亲相爱的一家人！我注意到她已泪光闪闪，她在尽力地控制自己的情感。我进一步强调：对于来自普通家庭的孩子，上学是最好的出路，只有好好学习，通过高考，上大学，找好工作，回报父母！我们是实验班的学生，我们要做到高分高能！更要有更高的情怀！

后来，我帮她申请了两份助学金，安排她担任班干部，让她和班上学生没有距离感。接下来的三年，我主动走进她，温暖她，了解她的内心世界；她生病的时候，陪着她去医院；周末带她去家里吃饭；经常和她谈学习，谈人生，谈梦想……鼓励她要做一个眼中有光、嘴角有笑、心中有爱的人。或许，正是我的鼓励和肯定，像一股暖流温暖着她自卑和沮丧的心，她从我所做的一切中得到了前进的信心和力量，慢慢地她脸上的笑容多了，忧伤也在淡去。

2021年，她考取了心仪的大学。毕业典礼那天，她带着养父参加了毕业典礼，并且为我献上了一束美丽的康乃馨，小小的卡片上写道：张妈，您永远是我心中的C位!

三、案例分析及反思

情是心灵的钥匙,爱是教育的基础,爱是老师人格力量的核心。作为班主任我用师爱去温暖了她,用情去感化了她,用理去说服了她,从而促使她走出心理偏差的阴影。

教育就是给生命找魂,给孩子们找家!作为一名班主任,我带的不仅是一个班、一个集体,更是一个家。天天和学生相处,我们早已成为彼此依靠的家人,班上每位学生与班主任都有一份亲情,更有一份牵挂!

那时,花开

有人说过:有一种人生最为美丽,那就是教师;有一首诗歌最为动人,那就是师德;有一道风景最为亮丽,那就是师魂;有一个舞台最为精彩,那就是三尺讲台。在三尺讲台上扎根20多年,左肩担着我爱的课堂,右肩担着爱我的学生,我用爱心播种,用智慧耕耘。电视剧《士兵突击》中有一句经典台词"不抛弃、不放弃",给观众留下了深刻的印象,这种精神,也是我扎根三尺讲台的教育理念!教育的本质就是教师和学生之间的彼此成全。张文质老师说:"真正的教育,必然是以教师和学生生命的共同发展与成全为指归的。"这种成全,对教师和学生都是终身发展的需要,是教师的幸福,也是学生的幸运。我和学生真的是在不断地成全彼此。期待,那时,花开!

2019年下学期我担任的是历史班1815班的班主任,学生的学科发展不平衡,优生不突出,大部分都是平行班、重点班的学生,并且选科最复杂,走班人数最多。拿到分班花名册,看到分班成绩,我内心很纠结,一个人坐在办公室发呆,这时,原来高一1812班一个学生走进办公室。"张妈!我太开心啦!又能在您班里!我要抱抱您!我生怕被分到别班去!您是我遇到过的最好的班主任。"我的心情瞬间好转,我知道每个人都喜欢被鼓励，我也不例外。事实不会因为压力的存在而轻易改变。我只能改变自己的心态，换一种眼光来接受他们、鼓励他们、关爱他们。引导学生找出任课教师的优点，经常赞美任课教师，逐步让学生营造相信自己、友爱同学、喜欢老师的氛围。不管是班级活动，还是学习成绩都取得了优异的成绩，周红民同学期末考试获得了历史班第一名、怀化市13名的好成绩。我依然在努力，1815班的孩子们依然在努力，我要更多地发现他们的进步，肯定他们的优点。

班上的学生虽然基础一般，但喜欢问问题，且问题都非常富有挑战性，因为学生的追问，我被逼着读书，思考，成长。我更深层次地挖掘教材，运用灵活的教学方法，把课堂归还给学生，尤其是每堂课的学生课前演讲对我来说都是挑战，因为学生会问一些出其不意的问题，但这些问题促使我不断地思考，不断地充实自己，课堂上快乐的互动给我带来了满满的成就感和幸福感。从这个意义上来说，我觉得是学生的成长成全了我的成长，学生的快乐成全了我的快乐。

这一学期，我也在以一种新的方式成长：放下功利的东西。记得生病住院期间，学生给我写了祝愿卡片，班长要实习老师每天给我发视频：张妈，您一定要好起来！我们都好好地等着您回来！那一刻，我知道我是世界上最幸福的人，老师最大的幸福不是有多少张获奖证书，而是有学生牵挂！

我特别喜欢肖川教授的一句话：教育，就是一个不完美的人带着一群不完美的人追求完美的过程。因为我是一个发展中的人，学生更是一个发展中的人。因为知道每个人都不完美，所以宽容；因为追求完美，所以执着！

养花如育人　育人如养花

对于花花草草，酷爱，尽管不善养，但喜欢养。

在我家的阳光房里、教室的走廊露台上错落有致地摆满了各种瓶瓶罐罐，种满了各种各样的花花草草。对于花开，我并不静待，我更享受每一

次的过程。一次次浇水，一次次施肥，一次次观赏，都会给自己一段柔软
的时光，都会有一种说不出的愉悦。心静，便是远方。

站在走廊上，打量，欣赏着自己亲手种的花儿与多肉，心里有一种别
样的美感。这时开得正艳的是紫红的三角梅、粉红的太阳花、白嫩白嫩的
玫瑰，还有几朵含苞欲放的月季……突然，一盆绿植吸引了我的眼球，它
青翠欲滴，无忧无虑地傲然地生长着，让人觉得它活得实在，踏实。我暗
自庆幸留下了它，让它活成了自己独有的样子！

一个月前，种的一盆玫瑰不幸夭折了，从好友那里摘了一些太阳花，
准备补上，在整理花盆时，我发现一棵不知名的小草悄然生长。

好友说：要这种野草干什么，影响美观！

我笑着说道：你怎么就认为它不能成为一道别样的风景呢？在我眼
中，它就是一株冉冉生长的绿植，它一定会开启一段不一样的人生，一路
逆天。

每天给予水滋养它，定期给它施肥，如今成了一道独特的风景线。

其实，教育之道颇似养花，都需要顺势而为，减少人为的强制性，
以平常心态对待每样花，养花就变得很简单，才能体验其中的乐趣。教书
育人亦然，教育要有规划，要有守候的心态，并且要坚持，不断调整方式

方法。

曾经我的班上有个学生，调皮得出奇，科任老师对他很是头痛。上课的第一天，科任老师均向我告状，说他与班上其他同学格格不入，不适合待在实验班。当天我把他父母请到学校来，他父母一见面就不断地抱怨他在初中时有多么不争气、调皮，给他们惹了很多麻烦……我笑着说：难道他没有一点优点吗？父母都不认可自己的孩子，谁还能欣赏你的孩子呢？我希望从今天起，你们少抱怨，多放大他的优点，多表扬、多鼓励他，让他找到自信！我相信他一定潜力无限！下晚自习，我要他妈妈抱抱他，并当着我的面表扬他。当听他妈妈说老师对他的评价很高，他很有前途时，我发现他笑得很不自然，但是眼中有泪光在闪烁。接下来的日子，不断地跟紧他的动态，做得好的时候，大肆地表扬，同时，也尽力把不好的预兆消灭在萌芽状态。从此，再也没有听见其他老师的抱怨了，而是赞美声一片。他的成绩稳步前进，高一第一期年级前90名，高一第二学期年级前70名。高二文理分科后，成绩位居年级前20名，高三一直位于年级第一名。如今他已是他单位的一把手，工作如鱼得水。

养花与育人都需要耐心和细致地培育。一棵不起眼的花草遇上了一位好园丁，终会迎来生命中绚丽的春天。一个孩子投身于一个充满爱与智慧的怀抱，才能健康快乐地成长。

唐朝诗人宋齐丘说过：养花如养贤。养花与育人有着异曲同工之理。

真的，二十多年的教育人生，随着我对教育真谛逐渐深入地理解，越发觉得养花与育人，其理相同，其情亦相通。人之不同，犹如花之不同，一花一世界，一人一教育！

养花如育人，育人如养花！

雨露不语育栋梁　馨美风华百里香

——全国优秀教师推荐对象主要事迹材料

张欢英，湖南省怀化市湖天中学高级教师，英语教研组组长，怀化学院外国语学院英语专业兼职教师，湖天中学"德馨论坛"讲师，湖南省国培精英教师，"国培"湖南省怀化市高中英语骨干教师工作坊坊主。先后被评为市百岗明星、市青年岗位能手、市优秀教师、市优秀德育工作者、市教学名师、市优秀年级组长、首届湖湘优秀班主任、第五届全国中小学外语教师教学能手，先进事迹已被写入《湖南强省先锋谱》《中方县师德师风教育读本》；怀化电视台中方播报、《边城晚报》对其先进事迹做了专题报道。20年来，她一直守望在教育教学第一线，成为学生眼中敬而亲之的"妈妈"老师。

高山屹巍峨，懿德泽万类

"高山仰止，景行行止。"从教以来，张欢英老师一直在追崇做一名眼中有光、灵魂有爱、心向阳光的老师；做一名与时俱进、面向未来的、服务于学生未来发展的老师。"桃李不言，下自成蹊"，她的一言一行感染着广大教师，在教职工中树立了为人师表、教书育人的良好形象。她本着"教书重要，育人更重要"的格言，备课时注意挖掘教材中的德育材料，在教学中把教书和育人有机结合起来，帮助学生树立正确的人生观和价值观。犹记在她主讲的第一期"德馨论坛"上的一番话语："千教万教、教人求真，千学万学、学做真人。若自己不是'真'人，焉教人求'真'？"

芝兰虽长于深涧，幽香却四溢山谷。她虽是一名普通老师，师德却光耀杏坛。

红曙耀祥光，伟才领儒师

"教而不研则浅，研而不教则空。"作为教研组组长，张欢英老师深知搞好教研组建设工作是提高学校教学质量的重要途径。为此，她组织全体英语教师研究新教材、新教法，引导大家多反思、多总结，把教学经验写成论文上升为理论。为提高教育教学能力，她组织英语教师参加各类比赛，并取得了优异的成绩。在2016—2018年湖南省集体备课大赛中，参赛的公开课获省特等奖一个，二等奖4个，三等奖3个。

她似红日，是教师的引路人，为教师在教育教学上开辟创新之路，带领教师为党的教育教学事业拼搏奋进。

皓月洒清辉，柔情沁桃李

"捧着一颗心来，不带半根草去。"20年，张欢英老师一直守望在班主任岗位上。在寄宿制这所特殊的学校里，她担任的不再是班主任一职，她就是孩子们的父母。她把学生视为自己的孩子，用心去爱，爱融于每一处忽微，爱浸于每一寸细节。她蹑手蹑脚地走进教室，为中午在教室休息的走读生调小风扇，盖件小衣服；她撰写日志、建QQ相册，为学生留下成长的印记；她亲手煮元宵、鸡蛋，送上月饼，在"每逢佳节倍思亲"的特殊日子里，给孩子送去温暖；她每逢出差都会为学生买回当地的特产，分享她的足迹……这一爱便是20年。在爱的照拂下，孩子们情不自禁地唤她"张妈"！张妈为孩子们营造的是家的氛围，孩子们逢年过节发来的祝福和留言也成为她最珍贵的礼物。

"春播桃李三千圃，秋来硕果满神州"，她用自己的不懈努力默默耕耘着，花儿们用自己茁壮成长回报着她给予的点滴。

清溪吟雅韵，智思启蒙昧

"流水不腐"，唯有不断地注入知识的活水，才能永葆清活。为了了解英语教学最新动态，她积极参加各种学习培训：先后赴长沙、河北衡水、山东昌乐、上海建平等地学习；2018年入选湖南省精英教师，并赴华东师范大学培训。主持省级课题"利用'磨课'促进青年英语教师专业发展的研究"和全国教育科学规划领导小组办公室"智慧环境中的课堂交互对学习的影响研究"总课题的子课题"智慧环境下高中英语读写整合教学的创新研究"。

张欢英老师从一位学习者变为培训者，她被聘任为怀化学院外国语学院英语专业兼职教师，湖天中学"德馨论坛"讲师；2017年至今一直担任"国培"湖南省怀化市高中英语骨干教师工作坊研修指导教师和坊主，引领怀化市英语学科研修持续稳定地发展。2017年12月，作为优秀工作坊代表，在湖南省"国培计划（2017）"市县教师工作坊主持人高研班暨特色工作坊展示汇报会上做了题为"感受 感动 感谢"的成果汇报，得到了参会人员的高度评价。

一路播种，一生耕耘，静默守候，穰穰盈仓。涓涓细流莹润万物，万物得时欣欣向荣！于平凡生张妈，于平凡铸伟大！

学生、家长的来信

我们悄悄经过，你驻守的渡口，两岸繁花飘落，停在你的眉角发梢，定格成眺望相送的模样。路仍在延伸向前，记忆却越发沉重，想念每一个白天黑夜，想念每一句欢声笑语，想念那一个懵懂无措的年纪里遇见的你，既是恩师更似母亲的你。时间与空间已成距离，唯有思念随风牵引，山水无阻，伴着思念送至的，还有散落在远方诚挚的祝福，南方的风还像往常一样轻，带着一丝丝的凉，北方的雪却早已悄然来访，我们隔着万千风月，在彼此陌不相知的地方，坚持着当初说好的那个未来的梦想，一辈子不短不长，刚好用来把酒笑唱，这些年的那些事，那些醉入心骨的时光。祝福张妈永远年轻！

——248班

思念最入骨的时候，是身在此处，过去的场景却历历在目。

第一次见你，是2012年的夏天，曾祥军老师带着我走进旧教学楼一楼的办公室说："给你带了个小美女。"你温柔地笑，我羞涩地笑。

初进入高中那几天，彷徨，孤独。周末返校，在体育馆下坡的路口，你对着我笑："回来了啊？"那种入心的温暖我还能细细地回味起来。我那时背英语作文大概是十分折磨耳朵的，你告诉我要多听多读，现在已想不起当时的发音却觉得自己是进步了好大一截的，哈哈！

高二的回忆不是很深，换了班主任，其实刘老师并不是那么不好，至少我觉得，只是因为我们的心里，亲疏有别，像一个孩子被强行换走了喜欢的人，虽然你一直陪在我们身边。

高三是我最不愿回首的一段时期，高考的压力远没有亲情的挫折煎熬，我是觉得没有勇气再好好面对生活了，你告诉我，只能靠自己。很庆幸，最后的结果还算不令人失望，还有机会让我变得好起来。

最怀念的，是你给的温暖，还有你的笑容。总觉得爱笑的女孩会好运一些，所以我也愿意更开心地生活，像你一样，保持乐观的心态。说了很久的2015也快要结尾了。网上有一句话：我们2012年相遇，2015年分离，经历的却是1314，高中三年的人和事，恐怕确实要深深记着一辈子了。

在矛盾要不要把你改成您，又怕把距离再多增加一些，就这样吧，我喜欢这种好像你就在身边的感觉，就这样和你说着话，感受像母亲一样的关怀。

——WXM

当我真正要准备成为一名教师时，紧张伴着期待，也开始读懂一个教师承担的责任，回首那些您陪着我们走过的日子，点点滴滴汇聚，让我们沐浴在爱的海洋，再不会有那样一段日子，被刻上高三这样一个特殊的名字，无法用任何言语来形容未来的日子，带上您的期待与祝福，我们会走得更远，更坚定！

——ZY

张妈，好想你呀，好想大家在一中一起的快乐日子，还想再吃一次您煮的汤圆。英语课上没了您的唠叨；早上起床没了您的催促；早上没有吃饭再也没了您提着包子问我们饿不饿了……总之您给了我们最快乐的三年，最难忘的三年，我希望您能happy forever。

——TP

再也没有一个人，会在清晨用"尖叫"的哨音把我叫醒。再也没有一个人，会让我在打球的时候老是"提心吊胆"。再也没有一个人，会在教室门口等着我们这群又要迟到的"兔崽子"……感谢上天让我们在您的翅膀下成长！张妈。

——YQY

我曾是一个坏学生，连我自己都觉得老师懒得管我了，是你的不让一个人掉队的慈爱让我没有继续堕落，真的感谢你，张妈！

——HSL

To张妈，首先祝您教师节快乐！张妈，很开心用这种方式向您表示感谢与祝贺。

张妈，您的身上有很多值得我欣赏与学习的地方，教书与育人，您的闪光点也一直激励着别人努力发光。不过话说回来，我俩有很多相似的地方呢！之前住宿的时候，我经常会在墙上贴一些写着公式的纸当墙纸，就是怕记不住，想随时看看；下晚的时候喜欢去操场跑步，感受夜的宁静；喜欢当教室第一个开灯、最后一个关灯的人……在没遇见您之前，我真的非常讨厌英语。英语常年处于低分阶段。您好像给人一种强大的力量，将我从深渊拉了上来。真的很开心您可以一直教我们班。很幸运能在十四亿人中遇见您，我也一定会坚守信念、不断学习，在高考中考取一个理想成绩。祝张妈身体健康，万事胜意，天天快乐！happy everyday to you!

——HXY

张老师，您好！学校发的补助已收到，对学校，对您，我是万分感激！尊称您一声"张妈"实在是当之无愧，您用一颗"滚烫的心"温暖着围绕在您身边的每一个孩子，您总是毫不推诿地给予孩子暖暖的安抚，对此我深感惭愧！我想以后我会做得更好，要求不光是对孩子提的，孩子的成长也是我的成长！我告诉ZRZ：做人首先要善良，然后要懂得感恩，感恩生命中遇到的每一个贵人，那一双双伸出的手就是点燃希望的星星之火，不管顺境、逆境，奋斗都是此生不变的主题！张老师，感激之心不能言表，真的好佩服您，为了一个心愿，那份坚持，何等的魄力！愿您早日达成心愿！祝您工作顺利，幸福康宁！桃李满天下，语露万人心！

——ZRZ家长

张老师：全家好！首先我代表学生家长向你说句谢谢。感谢你对每个孩子的爱和包容……从昨天的家长会、班会中我看到了老师身上的亮点，我们作为家长要向你学习，要多和老师、孩子沟通……你的言谈举止使我坚信我的孩子定能考上重点大学！因为他们有缘在高二青春高峰期碰到了一位老师妈妈。这是53个孩子的缘分和福气。再次感谢你的教导，谢谢！

——SYH家长